JN336957

実務者からみた金融機関行動と不良債権問題

Shimbo Yoshiei
新保芳栄

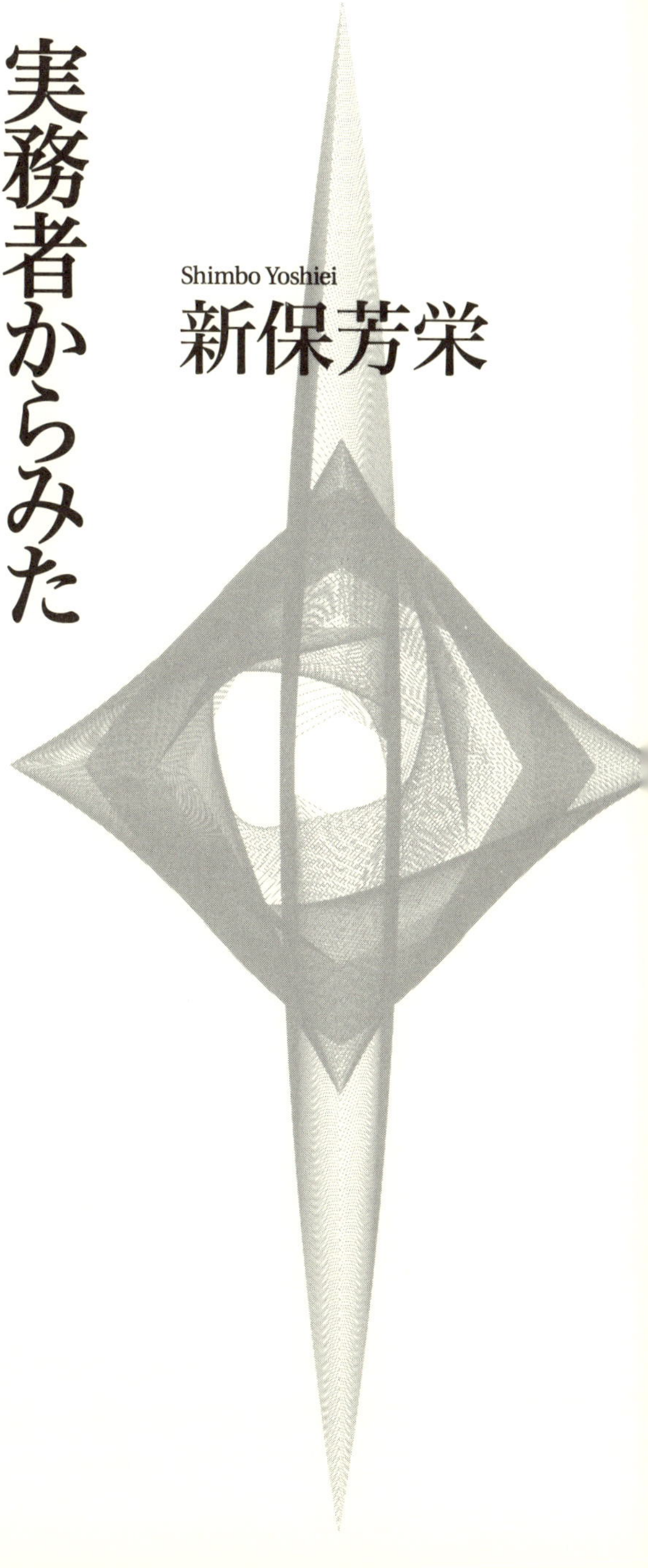

八朔社

はじめに

金融機関の不良債権問題は、地域金融機関の問題を残しながらも、主要行が不良債権比率の半減目標を達成するなど、全体としてみればようやく収束しつつあると言える。バブル時に節度を失い、無謀とも思える貸出競争に奔走した金融機関は、その後一〇数年間にわたって不良債権問題という重しを抱えることとなり、過去の営々と積み上げてきた内部留保を一挙に取り崩すこととなったほか、深刻な経営悪化を余儀なくされ、経営破綻に至るケースも多発した。こうしたバブル期にみられた金融機関行動は、金融機関をめぐる経営環境がかつての高度成長期の各種規制で保護されていた時代から大きく変わり、自由化時代に入り、多種多様なリスク管理に、十分配意しなければならない状況となっていたにもかかわらず、高度成長期そのままの横並び意識に基づく量的拡大を追い求めた姿であった。

一〇年以上に及ぶ不良債権処理の過程では、景気回復がはかばかしくなかったこともあり、必ずしも金融機関の思惑どおりに処理は進まなかった。最終的にはその後の景気回復局面を背景に、政府の期限を定めた数値目標の設定と、それに向けた主要行中心の達成努力の奏功により、ようやく不良債権処理という「負の清算」問題にめどがつきつつあるという状況となってきた。この間、経営陣をはじめ金融機関関係者は、負の遺産の処理に追われ、身を切られるようなリストラ策を迫られるなど、どうしても後ろ向きなマイナス・イメージが強く出ることとなり、積極的な業務展開を志向できなかった面は否めない。ただ、銀行業というのは決して衰退産業ではなく、潜在的な可能性は大きく、リスク管理マネジメントをきちんと行なっていけば、将来性に富む非常に魅力のある産業であることは断言でき、ポスト不良債権問題の対応として、活力に満ちた経営戦略が打ち出されることを期待したい。

本書は筆者の一九八〇年代後半以降の日本銀行考査局、預金保険機構そして整理回収機構での実務経験に基づき、金融機関行動を通じて不良債権問題の発生と、その後の金融機関破綻を含む不良債権の処理過程をたどったものである。参考文献や学説、データはできる限りのチェックはしたものの、もとより研究の徒でないことから、時間的、資料的制約は大きく、その点必ずしも厳密・適切でない箇所があるかもしれない。あるべき金融機関経営への思いを記した書であるため、ストーリー性を重視しており、したがって一応の根拠等は注書きに落としてあるが、そこの記述は飛ばして話の流れを追って読んでいただけたらと思う。

各章の冒頭にその章の概要を記述してあるが、本書の大まかな構成は次のとおりである。第一章では、金融経済構造が規制の時代から自由化へ変化し、バブル経済が発生したなかでの金融機関の行動様式を観察し、その間導入された国際決済銀行の自己資本比率規制の意味を述べた。第二章では、バブル経済の崩壊に伴う金融機関の破綻と、その処理をめぐりセーフティ・

ネットが拡充・整備されていく過程を考察した。第三章と第四章では、不良債権問題について、不良債権の定義と認識、およびその処理に対する考え方を整理し、処理の実態と不良債権売買市場の状況を説明した。第五章では、そうした不良債権売買市場におけるプレーヤーであるサービサー、再生専門子会社等の現状、およびこうした業務における金融機関のかかわり方、業務展開について述べた。最後に第六章では、今後の金融システムの変化の方向と、それに対応していくうえでの金融機関のリスク管理のあり方を論じた。

＊

ささやかな書ではあるが、考え方をまとめるにあたって、これまで実に多くの方々からいただいたご指導、助言が基になっている。特に、かつての日本銀行考査局勤務時の上司であった舟山正克ときわ総合サービス社長、横内龍三北洋銀行副頭取、本家正隆セントラル短資社長からは在勤当時はもとより、その後も常に適切なご指導、アドバイスをいただいており、深く感謝したい。現在の勤務先である整理回収機構の鬼追明夫前社長、奥野善彦社長をはじめ役職員の方々からは、自由な雰囲気のもとでの議論を通じ、いろいろな視点からの見方をご教示いただいているほか、出版に際し多大なご支援を賜わり、深甚の謝意を表する次第である。また、一九九九年以降携わってきた、金融再生法第五三条に基づく健全金融機関からの不良債権買い取り業務に関して、スタート時から終始ご指導いただき、かつ温かく見守っていただいた預金保険機構前理事・産業再生委員の松田京司アクセンチュア金融サービス本部特別顧問、福田博志整理回収機構専務に厚くお礼申し上げたい。このように多数の皆様から有形、無形の多くのご指導、アドバイス、ご協力をいただいたが、当然ながら本書の意見は筆者個人のもので、筆者の属する整理回収機構とは無関係であり、また本書にあり得べき誤りや思い違いはすべて筆者の責任に帰することは言うまでもない。

最後に本書のもともとの構想は、桜美林大学での社会人講師による「経済学特殊講義：日本経済最前線」における講義録がもとになっており、本講義の講師の一人に推薦していただいた同大学経済学部の藤田実教授に感謝するとともに、講義録を読んで本書の出版を勧めていただいた片倉和夫八朔社社長のご厚意に心よりお礼を申し上げる。

二〇〇五年一二月

新保　芳栄

目　次

第二章　バブル崩壊と銀行破綻の顕現化とその対応……33

第三章　不良債権の定義と認識および処理をめぐる考え方……63

第一章　規制から自由化の時代へ、バブルの発生

戦後の日本の経済成長は、企業部門の技術革新と旺盛な設備投資にリードされたものであったが、それを支えたのは間接金融優位の資金供給方式のもと、銀行による低利かつ安定的な資金供給のシステムであり、円滑な資金供給が行なわれるために、銀行経営は金利規制、業務規制のなかで保護されてきた。一九七〇年代に入ると第一次石油危機の発生等に伴い、金融経済構造が大きく変化し、それに呼応するかたちで次第に金融の自由化が進められていったが、規制時代に醸成された量的拡大と横並び主義の銀行の行動様式は変わらず、その後のバブル経済のもとでも十分なリスク管理が行なわれないまま、拡大方針を続け、特に土地と株式に依存した融資集中が目立ち、将来への不安材料を内包することとなっていった。その間、一九八〇年代中頃から日本の銀行のプレゼンスが国際的に高まっていったこともあり、世界的に競争条件を同一化することが謳われ、国際決済銀行における自己資本比率規制の導入が図られ、銀行経営の質的向上が求められるなど、国際的な面からも銀行は方針転換を迫られていくことになる。

1――間接金融優位の資金供給方式

戦後一九四五年から一九七〇年にかけて、日本経済は歴史的にも世界的にも例をみない、年率一〇%近い未曾有の高度成長を遂げた。これは企業部門の技術革新と旺盛な設備投資にリードされたものであったが、低利かつ安定的な資金供給により、それを支えたのが銀行(以下特に断らない限り普通銀行〈都市銀行、地方銀行等〉、長期金融機関〈長期信用銀行、信託銀行〉、および協同組織金融機関〈信用金庫、信用組合等〉の預金取り扱い金融機関の総称として使用)を中心とした金融制度であった。

戦後の生産回復、産業復興の至上命題のもと、企業部門に対し家計部門から成長資金が供与されたが、わが国の場合、企業部門が家計部門から直接資金調達を行なう直接金融方式ではなく、その間の仲介機関として銀行部門を通じて資金調達が行なわれる、間接金融方式がとられたのが大きな特徴であり[1]、その後のわが国の金融構造を規定してきたと言える。こうした間接金融優位の方式がとられた背景としては、①戦後GHQの政策により銀行の再建整備が、他の産業に先駆けて優先的に進められたこと、②銀行の店舗が証券会社に比べ、全国津々浦々まで設置されていたこと、③企業サイドで資金調達に当たって借入依存の道を選んだ一方、家計サイドでも安全資金である銀行預金中心に資金運用を図ったこと等が指摘されている。[2]

間接金融優位の状態で、円滑な資金供給が行なわれるために、銀行経営は金利面での規制と業務面の規制のなかで、保護されてきたと言える。まず、人為的低金利政策があげられる。人為的低金利政策とは、金利が本来の資金の需給関係によって決定されるべき水準に比べて、低位かつ硬直的に維持されたということである。高度成長期において、企業の投資を促進し、国際競争力を強化するために、貸出金利が低位に抑えられた。そして低利の資金を供給するために、預金金利についても臨時金利調整法によって最高限度が決められるなど、硬直的かつ割安な金利が設定された。低金利政策の結果、預金者から移転された所得（預金者が失った利潤）は、一部は企業に移転されたものの、一部は銀行部門に滞留し、銀行は必ず一定の利潤を確保できる仕組みであったと言えよう。[3]

また、銀行業への新規参入が規制されていたうえ、銀行の業務範囲を定める業務分野規制が存在し、そこでは長期金融と短期金融の分離（短期資金の提供者と長期資金の供給者が、普通銀行と長期金融機関とにそれぞれ分かれていた）、銀行と信託の分離、さらには銀行と証券の分離が定められていた。そのほかにも店舗の増設やその配置等にかかる店舗規制や、商品開発・設計、景品、広告、営業日・営業時間等に関するさまざまな競争を制限する規制が設けられていた。また、公社債市場における起債調整なども行なわれていたほか、海外との資金移動が制限されており、国際競争にさらされることもなかった。必ず一定の利潤を確保できるうえ、新規参入を阻止し、競争を制限するような規制があったということは、銀行業はもうかって当然、構造的に不況を知らない業種として、安定的な発展を遂げることが可能であった。(4)

2——銀行行動の特徴

こうした状況のなかで、銀行のとってきた行動の特徴は、必然的な結果ではあるが、第一は量の拡大を図るという、量的拡大主義であった。一定の利鞘が確保されているため、量を拡大することによって利潤を極大化することができる。さらに規模が大きくなればなるほど、経費率が低くなるため、もうけは大きくなる。したがって銀行はできるだけ預金をたくさん集めてそれを貸出に向けようとする。(5)企業は資本市場からは必要な時に資金を調達できるとは限らなかったことから、確実に資金を調達するために間接金融方式によって資金が供給されることが望ましく、銀行は低い収益率でも一定の利益が得られるなかで、貸出が最大になることを選んだ。このように企業と銀行の双方の利益が一致し、企業は成長し、銀行の貸出も増加していくという仕組みがあった。(6)

第二は各種の規制で縛られていて、抜け駆け的な行動をすることが認められていなかったため、当然のことながら皆と同じことをやろう、皆と一緒に進もうという横並び意識が強く働くことになる。(7) こうした指導方法は船が船団を組んで進む時に、スピードの最も遅い船にあわせて進むのに例えて、最も競争力の弱い銀行を基準として全部の銀行を保護する銀行行政ということで、護送船団方式と呼ばれた。(8) また、高度成長期にあって日本銀行の金融政策の手段として、窓口指導（貸出増加額規制）が重要な役割を演じたが、都市銀行としては貸出計画額を守っている限り、他行並みの利益が得られることから、これを守ろうとした。一方で相互に競争意識が強く、特に同規模の他行を追い抜こうと激しく争っていたが、それは同規模の他行に負けないという意識、あるいは同規模の他行並みなら我慢するという意識でもあり、こういう横並び意識は都市銀行の行動原理を理解するうえで重要なことであったと指摘されている。(9)

第三は高度成長期の貸出市場においては、常に資金需要が旺盛であったため、何とか安定的な資金の供給を図りたいということで、メイン・バンク制が敷かれた。その仕組みのもとで、都市銀行は主として大企業向け融資に、地域金融機関は中小企業向け融資に特化するといった銀行同士のすみ分けができていた。特に都市銀行では大企業およびその関連会社や取引先を取り込もうとする系列融資方式がとられ、さらに各系列ごとに新興産業をワン・セットずつそろえようとする「ワン・セット支配」の投資行動がみられた。(10) また、株式の持ち合いにより銀行（メイン・バンク）はステーク・ホルダーとして、役員の派遣等により取引先企業の経営全般に影響力をもち、企業の行動の規律付けをも行なっており、メイン・バンク・システムがうまくワークしていたと言える。

3――第一次石油危機発生後の金融経済構造の変化

戦後一貫して高度成長を続けてきた日本経済は、一九七〇年代に入って、一九七一年のニクソン・ショック、円切り上げに始まり、一九七三年の変動相場制への移行、第一次石油ショックの発生と、相次いで国際経済危機に直面することとなり、高度経済成長期の終焉を迎え、その後の調整過程を経て安定成長の時代へと入っていき、金融経済構造が高度成長型から大きく変化することとなった。

経済が高度成長から安定成長へ移行するに伴い、企業は重厚長大型産業から省資源・省エネルギー型、あるいは知識集約型産業への構造転換を図るとともに、減量経営に努めることとなり、企業部門の資金不足額が大幅に縮小してきた。一方、景気の下支え役としての積極的な財政支出の拡大が図られた結果、一九七五年度以降財政赤字が拡大、国債発行が大幅に増額され、公的部門の資金調達が法人部門を上回ることとなっていく。このため、国債管理政策が重要視されるようになり、また為替管理の緩和・弾力化を背景に金融の国際化が進み、金融経済構造は資金循環構造の変化とともに、国債の大量発行と国際化（「二つのコクサイ化」）に影響されることとなった。

こうした状況を企業の資金調達面と、家計の資産運用面に表れた構造変化について、図表1-1で検証すると、まず「法人企業部門の資金調達の推移（構成比）」は、企業がどのようなかたちで資金調達を行なっているかを構成比でみたものであるが、企業は一九八〇年頃までは恒常的な資金不足が続き、これを八割以上の割合で借入金を中心に調達してきた。しかし、その後は徐々に資金余剰に転じることとなっていく（日本銀行『主要企業経営分析』による主要企業の資金過不足〈実物投資マイナス貯蓄〉：一九八〇年度五・〇兆円の不足、一九八三年度〇・一兆円の余剰、一九八四年度一・〇兆円の不足、一九八五年度〇・〇兆円の余剰、一九八六年度一・〇兆円の余剰）が、資金調達の方は、借入金のウエイトが趨勢的に低下する一方、社債発行（事業債）や増資（株式）、また外債発行による有価証券形態での資金調達のウエイトが増大している。これは「間接金融から直接金融へのシフト」、すなわち「企業の銀行離れ」が徐々に進んできたことを意味している。

次に「個人金融資産残高の推移（構成比）」は、個人がどのような金融資産で運用しているかを構成比で示したものである。所得の増大につれて、金利に対する選好意識が高まり、それぞれの時点において有利な商品性を備えたものに人気が集まることとなった。長い間運用の中心であった民間銀行の定期性預金のウエイトはほぼ一貫して低下した一方、郵便貯金の主力商品である定額郵便貯金や、一時払い養老保険、中期国債ファンド[11]のウエイトが増大、株式も増

図表 1－1　法人企業部門の資金調達の推移（構成比）

（単位；%）

年度平均	1970～1974	1975～1979	1980～1984	1985～1989	1990～1993	1994～1998(注1)	1999～2003(注2)
借入金	81.3	83.3	82.7	77.5	74.2	57.0	49.0
民間金融機関	74.1	75.0	73.8	68.6	63.5	47.0	43.5
公的金融機関	7.2	8.2	8.9	9.0	10.7	10.0	5.5
有価証券	13.8	13.0	14.4	18.9	20.2	37.7	49.7
事業債	3.9	4.3	4.1	6.0	6.5	6.3	7.4
株式	9.8	8.1	9.1	9.9	9.2	28.9	41.2
外債	0.1	0.6	1.1	3.0	4.5	2.5	1.0
CP	…	…	…	1.0	1.4	1.1	1.3
対外借入等	4.9	3.7	2.9	2.6	4.2	4.2	…
資金調達計	100.0	100.0	100.0	100.0	100.0	100.0	100.0

個人金融資産残高の推移（構成比）

（単位；%）

年末	1965	1975	1985	1990	1995	1998(注1)	2003(注2)
通貨（注3）	18.5	16.7	9.8	9.5	10.5	20.5	18.2
定期性預金	41.7	47.7	48.6	44.4	45.2	43.1	41.4
民間	33.4	34.6	31.0	29.9	27.4	24.8	…
郵便貯金	8.3	13.1	17.6	14.5	17.8	18.3	…
信託	4.6	5.8	6.9	7.0	6.7	4.9	1.0
保険	11.6	12.0	15.5	21.0	24.8	23.3	30.1
有価証券	23.7	17.9	19.2	18.1	12.8	8.2	9.3
債券（注4）	3.8	6.3	7.7	4.9	3.2	1.9	1.7
株式	16.5	9.9	8.5	9.0	6.8	4.1	5.2
投資信託	3.4	1.7	3.0	4.2	2.8	2.2	2.5
合計	100.0	100.0	100.0	100.0	100.0	100.0	100.0

注1）株式の評価方法が簿価から時価ベースに変更。
　2）93SNA ベースに変更，したがってそれ以前の 68SNA ベースと定義が相違。
　3）要求払預金を含む。
　4）国債を含む。
資料）日本銀行ホームページより作成。

加した（しかし、その後一九九〇年代を通じてみると、現金・預金、保険等の運用が増え、株式等のリスクの伴う資産の運用は手控えられる傾向にあり、またペイオフ解禁に備え預金間での移動〈定期性→流動性、郵便貯金へのシフト等〉がみられている）[12]。

4――金利・業務の自由化

こうした状況の変化を映じて、金融取引にかかわる制度的な枠組みの見直しが、次第に求められるようになってきて、銀行経営をめぐる環境は、自由化、国際化、証券化に伴い、大きく変化することとなっていった。

まず、預金金利の自由化については図表1-2に示されているように、一九七九年五月の譲渡性預金（〈N〉CD：〈Negotiable〉Certificate of Deposit：譲渡可能の形式をとり流動性を付した定期預金）の導入に始まり、一九八五年三月の市場金利連動型預金（MMC：Money Market Certificate：利率がCDの利率に連動して決定される、自由金利預金と規制金利預金の中間的商品）の導入（当初は相互銀行〈当時〉と信用金庫についてのみ認められ、四月以降すべての銀行が対象）と、一〇月の最低預入金額一〇億円以上の大口定期預金金利の自由化以降本格化した。その後、預金金利の自由化はMMCや大口定期預金の最低預入金額の段階的な引き下げというかたちで

自由化の推移

小口MMC	小口定期預金	流動性預金
300万円，6月・1年		
3月・6月・1年・2年・3年		
100万円		
50万円		
	300万円，3月～3年	
最低預入金額制限撤廃		新型貯蓄預金導入，大口定期金利連動
（小口定期に吸収）	定期預金金利完全自由化，1月～3年	
	3年までの変動金利，4年までの固定金利導入	
	5年までの固定金利導入	流動性金利（当座以外）完全自由化（金利自由化完了）
	固定金利型定期預金の預入期間制限撤廃	

図表1－2　金利

年月	CD	MMC	大口定期預金
1979年５月	導入，最低預入金額５億円，期間３～６月，自己資本に対する発行枠10％		
84年１月	３億円，75％		
85年４月	1億円，1～6月，100％	導入，5000万円，1～6月，金利CD－0.75％，75％	
85年10月	150％	150％	導入，10億円，3月～2年
86年４月	1月～1年，200％	１月～１年	５億円
86年９月	250％	3000万円，250％	３億円
87年４月	300％，外銀枠撤廃	2000万円，1月～２年，1年までＣＤ－0.75％，2年まで－0.50％	１億円
87年10月	枠撤廃	1000万円	１月～２年
88年４月	5000万円，2週間～2年		5000万円
88年11月			3000万円
89年４月			2000万円
89年６月			
89年10月		上限金利告示廃止（大口定期に吸収，自然消滅）	1000万円（大口金利自由化完了）
90年４月			
91年４月			
91年11月			
92年６月			
93年６月			
93年10月			
94年10月			
95年10月	２週間～５年		

出所）西村吉正『日本の金融制度改革』東洋経済新報社，2003年，224頁。

進展し、一九八九年一〇月に大口預金金利は完全自由化され、金利自由化の過渡的商品であったMMCは新規受け入れが停止され、自由金利定期預金に吸収された。小口定期預金金利の自由化は、一九八九年六月の三〇〇万円を一口とする小口MMCの導入から始まり、一九九二年六月に最低預入金額の制限が撤廃され、一九九三年六月にはすべての定期預金金利が臨時金利調整法の適用除外となり、定期預金金利の完全自由化が達成された。さらに一九九四年一〇月の流動性預金金利自由化で、一応の完成をみるに至り、預入期間、付利方法に対する規制の完全自由化は一九九六年一〇月以降である。

貸出金利をみると、従来短期貸出に関しては標準金利（短期プライム・レート）を、長期貸出については最優遇金利（長期プライム・レート）を下限として、個別、相対で決められてきた。短期プライム・レートは公定歩合に一定のマージンを上乗せして決定されたため、公定歩合に連動して変更されており、長期プライム・レートは五年物利付金融債利回りと連動していた。しかしそれでは自由金利預金での資金調達比率の上昇に対応できないということで、短期貸出については一九八九年一月以降、銀行の総合的な資金調達コストをベースに決められるようになった（「新短期プライム・レート」）ほか、長期貸出についても一九九一年四月に、短期プライム・レートを基準にマージンを上乗せする方式（「新長期プライム・レート」）が導入された。このほか、短期貸出においては市場金利をベースに、一定のスプレッドを上乗せした「スプレッド方式」による金利適用が普及するようになったうえ、個人向けの変動型住宅ローン金利について、一九九四年七月以降、各銀行が自主的に決定するようになってきている。

業務の自由化に関しては、一九九二年に金融制度改革法が成立し、業態別子会社による相互乗り入れ方式で、銀行・信託・証券の業務分野の垣根が撤廃されたほか、地域金融機関本体による信託業務への参入、証券会社・銀行等による証券化関連商品の取り扱い業務の共有、協同組織金融機関の業務規制の緩和、ないし業務範囲の拡大等があわせて図られた。さらに為替管理の緩和・撤廃（外為法の全面改正、円転規制の撤廃等）、資本市場の自由化（社債発行市場の自由化、社債流通市場の整備、株式市場の自由化措置等）等が急速に進むこととなった。

5——銀行の意識改革、体質改善の必要性

金融環境の変化は、高度成長期の金融体制から安定成長期の金融システムの構築への移行を意味しており、銀行としてはそれに応じた意識改革・体質改善を図っていく必要があった。自由化の流れが広がってくることは、銀行にとっては自由競争の機会が得られ、ビジネス・チャンスが拡大してくることを意味するが、同時に自己責任原則が強まることになり、いろいろな分野において多種多様なリスクにさらされるため、リスク管理マネジメントが重要な課題となってくる。

具体的に銀行がどういったリスクにさらされ、どのようにリスク管理態勢を整えていくかについては、日本銀行が一九八七年一二月に「リスク管理チェック・リスト」を作成、提示した（その後一九九六年五月と一九九八年六月に改訂）ほか、金融庁の金融検査マニュアルにもチェック・リストが示されている。銀行は自己責任原則に基づき、適切なリスク管理を行なう必要がある。

まずリスクの所在を認識し、次にリスクの量、すなわちリスク・エクスポージャーを定量的に把握し、さらにリスク許容量を設定する。そのうえで、リスクにさらされている資産・負債を適切にコントロールしていかなければならない。そして経営陣自身が、リスクの特性を十分理解し、必要な資源配分を行ない、かつ適切な内部管理を行なっているか否かが重要となる。

金融庁の金融検査マニュアルにしたがって各種のリスクをみると、図表1-3のとおり、まず法令等遵守についてであり、これはコンプライアンスに対する自覚を求め、銀行全体にコンプライアンス重視の企業風土が醸成されることにより、銀行としての公共性が発揮されることを促すとともに、その態勢の確立を確認することである。社会のルール（法令、規制、内部規定）を遵守して行動するということで、要は「後で理由を聞かれた時に説明できないような行動はとるな」ということになる。

次に経営リスクで、これは経営陣がリスク全般について十分に認識し、適切なリスク管理態勢をとっているかどうかというもので、コーポレート・ガバナンスの強化に結び付くこととな

図表 1－3　金融検査マニュアルに基づく各種リスクについて

リスク管理項目	具体的内容
法令等遵守	コンプライアンス違反にかかわるリスク
リスク管理態勢（経営リスク）	金融機関経営上の基本認識，特に取締役自身の認識・実践の欠如に伴うリスク
信用リスク	信用供与先の財務状況の悪化等により，資産（オフ・バランス資産を含む）の価値が減少ないし消失し，金融機関が損失を被るリスク
市場リスク	金利，有価証券等の価格，為替等の変動により，保有する資産（オフ・バランス資産を含む）の価値が変動し損失を被るリスク。金利リスク・価格変動リスク・為替リスクの3つのリスクからなる
流動性リスク	金融機関の財務内容の悪化等により必要な資金が確保できなくなり，資金繰りが付かなくなる場合や，高金利での資金調達を余儀なくされることにより損失を被るリスク（資金繰りリスク）と，市場の混乱等により市場において取引ができなかったり，著しく不利な価格での取引を余儀なくされることにより損失を被るリスク（市場流動性リスク）からなる
事務リスク	役職員が正確な事務を怠る，あるいは事故・不正等を起こすことにより金融機関が被るリスク
システム・リスク	コンピューター・システムのダウンまたは誤作動等，システムの不備等に伴い金融機関が損失を被るリスク，さらにコンピューターが不正に使用されることにより金融機関が損失を被るリスク

資料）金融庁ホームページより作成。

る。信用リスクは金融機関の信用供与（貸出、有価証券投資等）が信用供与先の業況悪化などから、当初約定どおりに返済されなくなる危険を言う。それを回避するためには、自己査定の正確性と償却・引当額の適切性をチェックする必要がある。

市場リスクは、金利、有価証券等の価格、為替等の市場のリスク・ファクターの変動により、オフ・バランスを含む保有する資産の価値が変動し、損失を被るリスクで、金利リスクは資産と負債の金利、または期間のミス・マッチが存在しているなかで、金利変動に伴い利益が低下ないし損失を被るリスクである。リスク量の把握とＡＬＭ（Asset and Liability Management：資産〈運用〉と負債〈調達〉のバランスを総合的に管理し、収益の最大化・リスクの最小化・適正な流動性保持を図る経営管理手法）体制の確立が求められる。価格変動リスクは、有価証券等の価格の変動に伴って資産価格が減少するリスクで、為替リスクは外国為替相場の変動に伴うリスクである。

流動性リスクは銀行が経営悪化等により資金繰りが付かなくなったり、高金利での調達を余儀なくされ、損失を被るとか、市場の混乱等により、通常よりも著しく高い金利での調達を余儀なくされるリスクを言う。システム・リスクは、コンピューターによるデータ処理に随伴するＥＤＰ（Electronic Date Processing）リスクで、コンピューターの開発・運用に関連したものや、犯罪・災害時のコンピューター・オペレーションに関するものなどがある。さらに災害等偶発事態の発生に備えた、コンティンジェンシー・プランの整備も問われている。

規制金利の時代にはせいぜい信用リスク（貸倒れの危険）と、事務リスク（不正と間違い）に留意する程度で済んでいたのが、金融自由化に伴いオン・バランスとオフ・バランスのあらゆる項目について、経営全般にわたるリスク管理が求められるようになってきた。こうしたリスク管理をきちんと行なっていかないと、自由化の時代は生きていけず、銀行側も大変な時代になってきた、しっかりやっていかなければならないとの意識はあったはずである。[13] 自由化が進展するということは、銀行にとっては規制金利の時代には制度的に確保されていた利潤が、減少することを意味しており、収益が低下するのではないかと懸念された。

しかし、銀行の行動がバブル経済を引き起こした原因だったのか、あるいはバブル経済の発生により銀行の行動が積極化したのかについて、いろいろと議論はあるが[14]、実際にはバブル経済の発生が、一時的ながら銀行に高収益をもたらすこととなり、銀行の懸念が打ち消されるかたちとなった。前に述べたように、一九八五年一〇月の大口定期預金の導入後、金利自由化が本格化することとなるが、丁度この年の九月にニューヨークのプラザ・ホテルで開催された、先進五か国蔵相・中央銀行総裁会議（G5）において、ドル高是正のための合意がなされた。その後、急速な円高ドル安が進み、円高不況が叫ばれ、それへの対応ということで相次ぐ公定歩合の引き下げが行なわれ（一九八七年二月の二・五％は当時としては歴史的な低水準と言われた）、大幅な金融緩和局面へと入っていくことになった。そして結果的に低金利下における預金金利自由化は、銀行の収益に対し当初懸念されたようなマイナスの影響を及ぼすことがなかった[15]。

6――銀行は不動産関連や財テク関連融資へ傾斜

地価と株価の高騰が続き、日本が世界一の金持ち国であるとのユーフォリア（euphoria：熱狂的陶酔）のもとで、企業も家計も先行きに対する期待感が著しく強気化し、それがまた膨らみ、さらなる過熱現象を呼んでいった。当時の社会現象を振り返ってみると、「財テク」がもてはやされ、マスコミはこぞって資金運用や投機の特集を組み、「土地神話」が生まれ、土地さえもっていればもうかるといった風潮が横行し、NTT株に代表される株高フィーバー等が相次いで起こった。

こうしたなか、銀行の融資姿勢も極めて積極化していった。金融自由化時代に対応するためのリスク管理態勢が不十分なまま、規制金利時代そのままの量的拡大主義、横並び主義といった行動様式で、業容の拡大、収益機会の獲得を求める銀行の姿がみられた。当時（一九八〇年代）の富士銀行と住友銀行の、融資や預金量のトップの座をめぐる争いが「FS戦争」と呼ばれるなど、銀行同士の量の拡大を求める激しい競争が至る所で繰り広げられた。また、貸出増強のゴー・ゴー・バンキングを標榜し、営業推進と審査機能の一体化を図るといったリスク管理軽視の姿勢がうかがわれた。[16]

さらに当時は銀行の収益競争が激化し、とりわけ銀行の本源的収益を示す営業純益の増大が競われた。収益拡大のため、①期間（損失を当期に計上するか、来期以降に繰り延べるか）、②勘定間（営業純益に計上するか経常利益、当期利益に計上するか）、③部門間（国内、国際部門のいずれの収益に計上するか）の振り替えによる収益かさ上げ操作が随所でみられた。こうした操作は新たに利潤を生み出すことではなく、銀行の当該期間の収益力を不明確にするうえ、特に損失の先送りは健全経営を阻害するおそれがあった。

こうしたことから、それまで必ずしも明確にされていなかった特定金銭信託（特金）・金銭信託以外の金銭の信託（金外信）（一九八〇年一二月開始）、債券ディーリング（一九八四年六月開始）、債券先物（一九八五年一〇月開始）取引等の経理処理に関する、大蔵省による決算経理基準（金融機関の経理基準に関する行政指導）の改正が一九八九年に行なわれ、銀行の本来業務から得られた利益である業務純益の概念ができ、それが初めてディスクローズされることとなった[17]（従来の営業純益は当局へ提出する決算状況表の概念で、非公表であった）。

各銀行とも、調達面では短期の市場金利感応型資金の調達が急テンポで増加した（日本銀行『経済統計年報』：都市銀行の自由金利調達比率＝（コール・マネー＋売渡手形＋借用金〈除く日銀借入金〉＋外貨預金＋非居住者円預金＋MMC＋大口定期預金＋CD）／調達勘定計〈国内店末残ベース〉：一九八四年度末二二・九％→一九八六年度末三六・一％→一九八八年度末五五・〇％）一方、運用面では大企業が金融自由化等の金融環境の変化に伴い、社債発行等により資金を調達する道ができ、銀行離れが進んだことから、中堅・中小企業向け、個人向けローンを中心に利回りの拡大を狙って貸出の長期化を図っていった（同：都市銀行の中長期貸出〈期間一年超のもの〉比率〈国内店円貸出〈除く当座貸越〉ベース〉：一九八四年度末三四・六％→一九八六年度末三七・四％→一九八八年度末四七・五％）。この結果、運用・調達における期間のミス・マッチが次第に拡大して、金利リスクが増大していく状況にあったものと推測される。

信用リスクの観点からみると、銀行の業種別の貸出状況が図表1-4に示されているが、地

図表１－４　全国銀行業種別貸出残高（構成比）推移
（国内銀行勘定＋信託勘定）

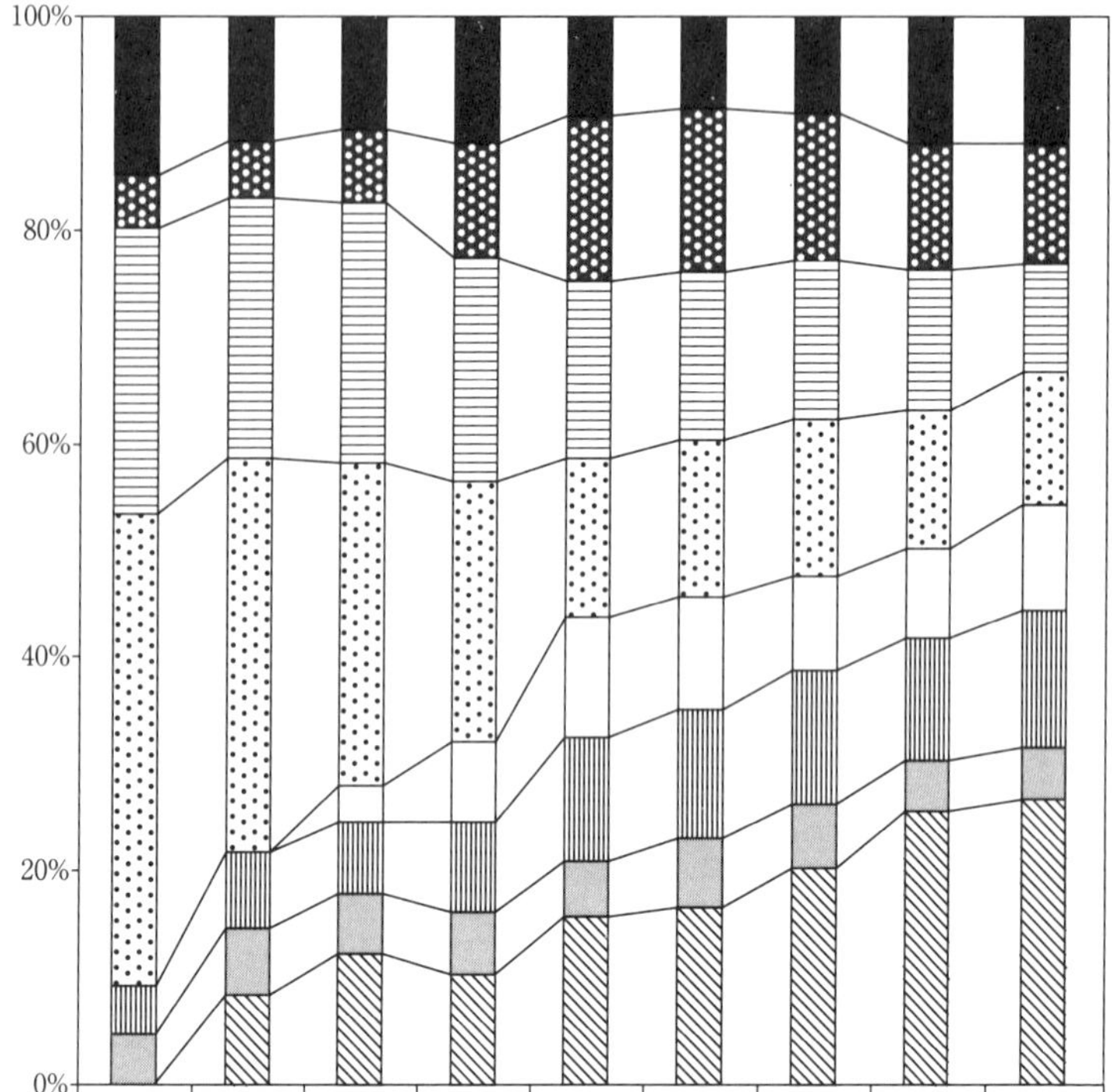

	1970年末	1975年末	1980年末	1985年末	1990年末	1995年末	2000年末	2003年末(注)	2004年末(注)
■ その他	14.9	11.6	10.4	11.8	9.3	8.7	9.1	10.4	10.4
▩ サービス業	4.9	5.5	7.0	10.8	15.4	15.2	13.7	12.1	11.6
▤ 卸・小売業	26.7	24.3	24.3	21.0	16.6	15.6	15.0	13.2	12.7
▦ 製造業	44.2	36.9	30.3	24.5	15.0	14.7	14.6	13.2	12.4
□ 金融・保険業	−	−	3.5	7.5	11.1	10.7	8.8	8.5	8.9
▥ 不動産業	4.4	7.1	6.6	8.5	11.8	12.1	12.5	11.8	12.1
▣ 建設業	4.9	6.1	5.6	5.9	5.1	6.3	6.1	4.8	4.5
▧ 個人	−	8.5	12.3	10.0	15.7	16.7	20.2	26.0	27.4

注）2003年3月分以降業種分類が変更となっているが，旧ベースに調整（新ベースの「飲食店」を「サービス業」から除き「卸・小売業」に含める)。

資料）日本銀行ホームページより作成。

価高騰を背景に、建設業、不動産業、金融・保険業（ノンバンク）といった、不動産関連三業種向けへの貸出が増大（個人向け貸出も住宅ローン等を中心にウエイトが増加）したことから、銀行の貸出ポートフォリオが大きくゆがむこととなった。特に長期信用銀行、信託銀行でこの傾向が顕著で、銀行の経営財務体質が地価の動向に大きく左右されるという要因を、内包していくこととなる。あわせて株高を背景に株式投資等の財テク資金への融資も、相当程度膨らんでいったものとみられる。

融資の集中が進み、リスク分散が行なわれていなかったことは、リスク管理上大きな問題であったと言わざるを得ないが、高収益を前にして銀行側のリスク管理意識が、十分に働かなかったものとみることができる。[18] 土地担保を中心とするコーポレート・ファイナンスでは、不動産価格の上昇に支えられ、銀行の本来的な機能であるリスクの評価機能が麻痺することになったと言える。また、先行きの右肩上がりの経済を見込んで不動産担保、株式担保を甘めの掛け目ないしは水増しして評価し、それに応じて貸出額を増やすといったことも行なわれていた。[19] こうしたことは将来における地価、株価等の下落リスクに対し、極めて大きな不安材料を抱え込んでいくこととなった。[20]

7——BISにおける自己資本比率規制の導入

その後、バブル経済が崩壊して銀行は長期間にわたってその付けを払わさせられることとなるが、その前にBIS（国際決済銀行）における自己資本比率規制の問題に触れておく必要がある。一九八〇年代中頃から世界の主要金融市場において、日本の銀行のプレゼンスが急速に高まっていった。これに対し、当時海外からは日本の銀行が低金利政策のもと、自己資本が少ないまま低利の預金を集め、海外でダンピング融資をしているのではないかとの批判が高まった。[21] こうした批判が国際業務に携わる銀行は「競争条件を同一化すべきではないか」との動きになり、一九八八年のBISにおける自己資本比率規制の導入（バーゼル合意）へと進展していった。バーゼル合意の内容の主な特徴点は、次のとおりである（横山昭雄監修『金融機関のリスク管理と自己資本』有斐閣、一九八九年、第三章、および次頁の図表1-5参照）。

第一は自己資本を「基本的項目」（Tier I）と、「補完的項目」（Tier II）に分けたことである。基本的項目は資本金や法定準備金等で自己資本への参入を無制限に認める一方、株式の含み益や劣後債務等一定限度までの繰り入れが認められる補完的項目は、その算入合計を基本的項目の合計額まで制限する措置がとられていた。第二は分母となる資産については、取引相手方の

図表1－5　1988年に取りまとめられたバーゼル合意（国際統一基準）の単純化した内容

$$\frac{\text{Tier I（株主資本）+ Tier II（劣後債務，有価証券含み益等）}}{\text{企業向け与信×100\% + 銀行向け与信×20\% + 住宅ローン×50\% + 国債保有額×0\%}} \geqq 8\%$$

［分子（自己資本）の計算］

区分	要　　素	算入制限	
Tier I	資本勘定（資本金，法定準備金，剰余金，等）		
Tier II	有価証券評価益の45%		Tier II 全体で Tier I と同額以内
	不動産再評価額の45%		
	一般貸倒引当金	分母の1.25%以内	
	永久劣後債務等		
	期限付劣後債務等	Tier I の50%以内	

［分母（リスク加重資産）の計算にあたっての掛け目（リスク・ウェイト）］

リスク・ウェイト	対象資産
0%	現金，国債，地方債，OECD加盟国の国債，等
10%	政府関係機関債等
20%	金融機関向け債権
50%	抵当権付住宅ローン
100%	通常の貸出

出所）氷見野良三『〈検証〉BIS規制と日本〔第2版〕』金融財政事情研究会，2005年，50頁，53～54頁。

信用リスクの度合いに応じて、一定のリスク比率（企業向け貸出＝一〇〇％、住宅ローン＝五〇％、現金・国債＝〇％等）を掛けて算出する、リスク・アセット方式がとられたことである。第三は分母となるリスク資産のなかに、オフ・バランス取引を算入する手法を開発したこと、第四は規制が金融子会社をも含めた連結ベースとなっていること等があげられる。

要はオン・バランス、オフ・バランスのあらゆる項目にリスクが随伴するが、収益チャンスを得るにはリスクをとっていく必要があり、そのためにはまずリスク管理マネジメントをきちんと行なっていくことが求められる。しかし、それでもリスクをゼロにすることはできず、その場合最後のより所として、自己資本の充実が必要になってくるということである。当時日本経済は破竹の勢いにあり、銀行は増益により、また増資を続け自己資本を増やし、さらに株高もあり、日本の銀行はＢＩＳ規制を楽にクリアでき、将来的にもさほど大きな問題になることはないと思われていた。ところが、その後のバブル崩壊、株価急落に伴い、自己資本への株式含み益の算入は、むしろ銀行経営にとって不安定要因として作用していくこととなるのである。

一九八八年に公表された銀行の自己資本に関する国際統一基準（バーゼル合意）は、一九九二年一二月期決算以降（日本の場合は一九九三年三月期決算以降）適用され、その後当初の信用リスクに加え、市場リスクの一部が対象に加えられ、一九九七年一二月期決算以降（日本の場合は一九九八年三月期決算以降）から取り込まれることとなった。しかし、さらに金融商品の高度化・複雑化、金融技術革新の急速な進展、金融の情報化、グローバル化の進展に伴い、リスクが複雑化、高度化するなかで、従来の枠組みでは対応できなくなり、一九九八年以降抜本的な見直し作業が開始された。そして一九九九年六月の第一次市中協議案から第三次案まで公表され、修正を経て、二〇〇四年六月最終文書（バーゼルII）が公表され、二〇〇六年一二月期決算以降（日本の場合は二〇〇七年三月期決算以降）からの実施が予定されている。

バーゼルIIは、図表1-6に示されているように、三つの柱から構成されており、銀行はリスク管理の一層の高度化が求められている。(22) 第一の柱はリスク計測の精緻化である。これは自己資本比率の分母をより正確に計算するもので、現行（信用リスクとその後の見直しで市場リスクが追加）のうち信用リスクについて、現行の単一の計測方法から、新規制では単純なものから高度な手法まで三つの計測方法（「標準的手法」、「基礎的内部格付手法」、「先進的内部格付手法(23)」）のなかから銀行が選択することとなった。そしてその評価方法にしたがって、これまで事業法人の場合一律一〇〇%のリスク・ウエイトであったのを、大幅に変えることができるようになった。市場リスクは現行のままとして、そのほかに事務ミス、システム障害、不正行為などにより損失が発生するおそれのあるオペレーショナル・リスクを加え、これも三つの計測方法（「基礎的指標手法」、「標準的手法」、「先進的計測手法(24)」）のなかから銀行が選択し、それぞれの手法に応じて所要資本を算出することになっている。

第二の柱は金利リスクなど第一の柱の対象となっていないリスクへの対応も含めて、銀行がそれぞれの手法に基づき算出した、実際にとろうとするリスクの総量に見合った自己資本の水

図表1－6　バーゼルIIの3つの柱

1）第1の柱
リスク計測の精緻化
自己資本
――――≧8％（国際統一基準行〈国内基準行の場合は4％〉）
（リスク）＊ ←――この測定を精緻化

2）第2の柱
銀行自身による自己資本戦略の策定
（銀行勘定における金利リスクなど第1の柱の対象となっていないリスクへの対応も含めて十分な備えがあるか）
→当局によるレビュー

3）第3の柱
開示の充実（自己資本の構成やリスク計測の方法など）
→市場規律

＊［現行規制の自己資本比率］

自己資本
――――――――――――――――― ≧8％
信用リスク（単一の計測手法）＋市場リスク（標準的手法か内部モデル手法かのいずれかを銀行が選択）

［新規制の自己資本比率］

自己資本
―――――――――――――――――――――――― ≧8％
信用リスク（標準的手法か基礎的内部格付手法か先進的内部格付手法かのいずれかを銀行が選択）＋市場リスク（標準的手法か内部モデル手法のいずれかを銀行が選択）＋オペレーショナル・リスク＊＊（基礎的指標手法か標準的手法か先進的計測手法かのいずれかを銀行が選択）

＊＊オペレーショナル・リスクの計測手法

基礎的指標手法	所要資本＝粗利益×15％
標準的手法	所要資本＝ホールセール銀行部門粗利益×15％＋リテール銀行部門粗利益×12％＋投資銀行部門粗利益×18％…
先進的計測手法	過去の損失データ等をもとにリスク量を計算

出所）神津多可思「統合リスク管理の基本的な考え方と体制整備の現状」『金融財政事情』2005年1月3日・10日号。

氷見野良三『〈検証〉BIS規制と日本〔第2版〕』金融財政事情研究会，2005年，163頁，170頁。

準を確保しているか否かを、当局がそのリスク管理体制をレビューし、チェックすることである。第三の柱は、自己資本の構成やリスク計測の方法などのディスクロージャーの拡充による、市場規律の向上を目指している。すなわち、バーゼルIIの三つの柱は自己資本比率規制、金融機関の自己規律、市場規律の三つを組み合わせて、相互補完的に活用しようとする点に特徴があり、これは第六章でみる統合リスク管理の考え方と重なり合うこととなる。(25)

(1) 鈴木淑夫氏によると、一九七〇年末の個人部門の金融資産残高の構成比をみると、間接金融の比重は日本が八七%と最も高く、次いで西ドイツが八四%、アメリカはわずか四七%にすぎず、特に銀行部門を通ずる(保険・年金を除く)資金の流れは、日本七四・一%、西ドイツ六六・六%、アメリカ二八・〇%と「日本の間接金融の優位は、より端的には金融仲介業一般の優位ではなく、銀行部門の優位という形でとらえることができる」(『現代日本金融論』東洋経済新報社、一九七四年、一九頁)と述べている。

(2) 島村髙嘉『わが国の金融体制』東洋経済新報社、一九八七年、第I部第二章。鹿野嘉昭『日本の金融制度』東洋経済新報社、二〇〇一年、第一部第六章参照。

(3) 筒井義郎氏は、「銀行部門がいわゆる「護送船団方式」によって、もっとも非効率な経営の銀行も倒産しないように保護されていたという通説的見解は、銀行部門に超過利潤があったことを示唆している」(『金融』東洋経済新報社、二〇〇一年、二三七頁)とし、「一九六〇年代においては低金利政策で預金者が失った利潤は全額企業へ移転したわけではなく、銀行が企業とほぼ同じくらいの利潤を得ていたと推測される」(同著、二四〇頁)と指摘している。

（4）こうした状況について、横山昭雄氏が「金融機関経営は、金利規制・業務規制のなかにあった。仕入値と売り値の間にはつねにいくばくかの鞘があり、新規参入も実質的にストップされていたから、誤解をおそれずにいうと、価格カルテルと供給カルテルに守られていたようなものだったといえよう」（『金融機関のリスク管理と自己資本』有斐閣、一九八九年、五頁）、「戦後、石炭・繊維からはじめて、合板・平電炉・化学・造船・海運から鉄鋼高炉にいたるまで、それぞれが経済の変質に合わせて、血のにじむような構造改善の努力を重ねてきた経緯がある。……金融業は、農業と並んで、これまで国際競争力という視点で把えられることの少なかった産業といえよう」（同著、三頁）と的確に説明している。

（5）鈴木金三氏は、ボーモルの販売高最大化仮説に基づき、銀行行動について、ある一定の利潤を確保できれば、預金・貸出を最大化する行動をとることを指摘している（『銀行行動の理論』東洋経済新報社、一九六八年）。

（6）上林敬宗『金融システムの構造変化と銀行経営』東洋経済新報社、一九九八年、五頁。

（7）金融自由化前の金融商品開発について、蠟山昌一氏は「ひとつの金融機関が他に先がけて新商品を供給するといったことは決してありえず、大蔵省、自行の属する業界、関連業界との協議を不可欠とする慣習ができあがっているということである」（『日本の金融システム』東洋経済新報社、一九八二年、二五三頁）と指摘している。また斎藤精一郎氏は、一九八〇年一月の「中期国債ファンド」の発売以降新金融商品開発競争が始まったが、一九八三年八月に三菱銀行（当時）が突然新商品「国債定期口座」の発売を発表した際、横並び意識の強い銀行界のこと、三菱の独走に「待った」をかけ、発売を半月ほど遅らせ、秋に都銀から一斉に発売になったとの例を挙げている（『新版ゼミナール現代金融入門』日本経済新聞社、一九九〇年、一九四頁）。

（8）「護送船団方式」について、鈴木淑夫氏は、「戦後の金融行政は、「いちばん足の遅い船＝いちばん効率の悪い経営」に標準を合わせて、さまざまの規制を決めた。相互銀行（現在の第二地方銀行）や信用金庫や信用組合の中でいちばん効率の悪い経営でも儲かるように預貯金金利を低く、貸出金利を高く規制して、利鞘を保証した。また効率のよい大銀行がたくさんの支店を出して中小金融機関を圧迫しないように、大銀行にはきびしく、中小金融機関には甘い「店舗行政」を行ったのである」（『ビッグバンのジレンマ』東洋経済新報社、一九九七年、一七頁）と説明している。

（9）呉文二『金融政策』東洋経済新報社、一九七三年、五六〜五七頁。

（10）宮崎義一『戦後日本の経済機構』新評論、一九六六年、第二章参照。

（11）一時払い養老保険は、契約時に保険料を一括して払い込み、配当金を満期に受け取るという貯蓄型保険商品で、節税メリット（一時所得扱い）が注目されて、一九八四年頃から大ヒット商品になったほか、中期国債ファンドは一九八〇年に誕生した投資信託で、三〇日間の据置き期間を置けば解約手数料がなく、何時でも引き出せるという利便性と、高利回りから高い人気を集め、証券、銀行間の新商品開発競争の先導的役割を果たした（斎藤精一郎『ゼミナール現代金融入門』日本経済新聞社、一九九五年〈三版〉、二〇九〜二一六頁）。

（12）93SNAベースによる一九八〇年代以降の企業（民間非金融法人企業）の資金調達や、個人（家計）の資金運用については、日本銀行調査統計局「資金循環統計からみた一九八〇年代以降のわが国の金融構造」『日本銀行調査季報』（二〇〇五年春〈四月〉号）参照。

（13）岡正生『金融グローバル化と銀行経営』東洋経済新報社、一九八九年、第五章の四参照。

（14）バブル経済の発生・拡大の要因については、①金融機関行動の積極化、②金融自由化の進展、③金融機関のリスク管理の遅れ、④自己資本比率規制の導入、⑤長期にわたる金融緩和、⑥地価上昇を加速する税制・規制のバイアス、⑦国民の自信、ユーフォリア（陶酔）、⑧東京への経済機能一極集中、「国際金融センター」化等、いくつかの重要な要因が複合的に重なり合うことによって、化学反応のような形で発生したと言われている（香西泰・白川芳明・翁邦雄編『バブルと金融政策』日本経済新聞社、二〇〇一年、第二章参照）。

(15) 上林敬宗氏は、預金金利自由化は運用調達の利鞘縮小をもたらしたが、これに対し銀行が大口貸出の実行や新規貸出先の発掘等による量の嵩上げを図った結果、抱えていたリスクが顕現化することなく、高収益を上げることができたと説明している（『金融システムの構造変化と銀行経営』東洋経済新報社、一九九八年、第一章参照）。

(16) 日本経済新聞社編『検証バブル　犯意なき過ち』日本経済新聞社、二〇〇〇年、四章で具体例を説明している。

(17) 銀行の収益概念をめぐる考え方の変遷については、上林敬宗『金融システムの構造変化と銀行経営』東洋経済新報社、一九九八年、二五～二八頁参照。また、リスクの回避・軽減策の一手法として先物取引によるヘッジが利用されるが、これが収益操作に利用されることも多く、新保芳栄（「先物会計処理の実情と日米比較」『金融財政事情』一九八九年二月一三日号）で会計処理上の問題点を指摘している。

(18) 一九八〇年代後半に銀行の当座貸越取引が高い伸びを示したが、リスク管理の観点からみると、融資当貸はもともと資金使途自由を売り物にしていただけに、従来の貸出に比べ審査管理が甘めになる危険性が高く、不動産融資や株式等の財テク運用資金に使われていたと考えられる（新保芳栄「リスク管理に十分留意した当貸しへの対応を」『金融財政事情』一九九〇年一月二二日号）。

(19) 井上明義氏によると、「（バブル期には）土地の値上がり、他行との融資競争から、金融機関によっては担保掛け目を甘くして、一〇〇%はおろか一二〇%での融資を行ない、それを公言するところさえ出てきた。なぜか担保価格を二割も上回る融資が存在したのである。いま考えると信じがたいことだ。が、当時はだれもおかしいことと思わなかった」（『土地の値段はこう決まる』朝日新聞社、二〇〇五年、八三頁）とのことである。また、後に金融機関が処理した不良債権の担保の実態をみると、担保として造成中（工事中断中）のゴルフ場・住宅地だとか、山林・原野、無人島、境界線のはっきりしない別荘地、温泉権のない温泉旅館、さらには土壌汚染地とほとんど価値のない物件の徴求が行なわれていたケースは枚挙にいとまがない。

(20) 舟山正克氏は、当時の銀行経営は収益面、融資面、国際業務面で「背伸びをした」状況にあり、その「背伸び」に際して「踏み台」としての大きな役割を果たしてきたのが「株」と「土地」であると指摘し、一層厳しくなると予想される金融環境のもとでは「株」と「土地」という「踏み台」に依存しない銀行経営が求められようと警告を発していた（「株と土地に依存した経営のリスク自覚が求められる」『金融財政事情』一九九〇年四月三〇日号）。

(21) 西村吉正氏は、当時日本の金融機関が存在感を誇示し、世界から恐れられたのは、金融技術水準の高さや経営者の資質の優位からではなく、低金利政策と円高傾向による国内からあふれ出た豊富な資金量によるもので、いわば質ではなく量によるものであったと説明している（『金融行政の敗因』文藝春秋、一九九九年、第二章参照）。

(22) バーゼルIIの概要については、金融庁・日本銀行「新ＢＩＳ規制案の概要」（二〇〇四年一〇月）や、氷見野良三『〈検証〉ＢＩＳ規制と日本〔第二版〕』金融財政事情研究会、二〇〇五年、一五九～一七一頁等参照。

(23) 「標準的手法」は現行規制を一部修正したもので、「基礎的内部格付手法」はデフォルト確率を銀行が推計、「先進的内部格付手法」はデフォルト確率に加え、デフォルト時損失率等も銀行が推計するものである。

(24) オペレーショナル・リスクの計測手法は、図表１-６中の表示のとおりであるが、「基礎的指標手法」は銀行全体の粗利益に一定の掛け目（一五％）を適用、「標準的手法」はビジネス・ライン（八つに区分）の粗利益にそれぞれ異なる掛け目（一二％、一五％、一八％）を適用し合算する。「先進的手法」は過去の損失実績等を基礎に、損失分布手法、スコアカード手法など、銀行自身が用いているリスク評価手法を用いて所要自己資本額を計測するが、分析やリスク管理の質などに関する基準を満たすことが利用の条件となっている。

(25) 神津多可思「統合リスク管理の基本的な考え方と体制整備の現状」『金融財政事情』二〇〇五年一月三日・一〇日号。

第二章　バブル崩壊と銀行破綻の顕現化とその対応

バブル経済の崩壊に伴い、銀行の抱えていた潜在的リスクが顕現化し、一九九四年一二月に東京都の二つの信用組合の経営破綻が公表されたのを境に、金融不安が急速に高まっていくこととなった。その後、信用組合から住宅金融専門会社の破綻、大手銀行、証券会社の破綻が相次ぎ、その処理をめぐり単なる金融業界内の問題から、社会・政治問題へと発展していった。当時はまだ土地神話は揺ぎないものがあり、右肩上がりの経済に対する期待感は強く、どうしても先送りする体質が抜けなかったが、状況が深刻化するにつれ、ようやく一九九六年に金融三法の成立をはじめ、制度面の整備が図られることとなり、金融機能安定化法、早期健全化法へとつながり、破綻処理の枠組みや資本注入制度が確立していった。この間、金融改革の遅れが金融問題の深刻化を招いたとの認識のもと、自由化のさらなる進展を目指した金融ビッグ・バン構想が打ち出されるとともに、二〇〇一年四月以降の恒久的な頭金保険制度および金融機関の破綻処理制度が明確になり、また公的資金注入制度の整備等、金融システムの安定化を支えるためのセーフティ・ネットの拡充が図られてきた。

1——バブル崩壊と銀行の経営破綻

バブル経済で世間が浮かれ、皆がもうかったかのように思われたが、実は地価や株価の高騰が資産所得の格差を拡大し、経済のゆがみを増幅しているのではないかとして、国民の間に次第に不満が高まってくるようになり、ジャーナリズム、政治家、金融（行政）当局の間で、行き過ぎたバブル経済の是正を求める動きが起こってきた。まず、日本銀行が一九八九年五月に公定歩合の引き上げに踏み切り、その後一九九〇年八月までに合計五回の引き上げが行なわれた。大蔵省も一九九〇年四月より土地関連融資の総量規制の導入を実施した。

こうした措置をうけて、資産バブルが徐々に弾けてくることとなった。地価については、図表2-1にみられるとおり、公示地価が一九九一年にピークを付けたあと、一貫して低下を続けてきた。株価についても、日経平均の推移をみると、図表2-2のとおり一九八九年一二月をピークにその後急落し、一九九二年八月にはピーク時対比六割強下落し、その後も一進一退ながら低迷基調を続けてきた。また、景気指標も一九九一年二月を山として下落に転じ、その後長い景気後退局面を余儀なくされることとなった。

図表２－１　公示価格指数の推移

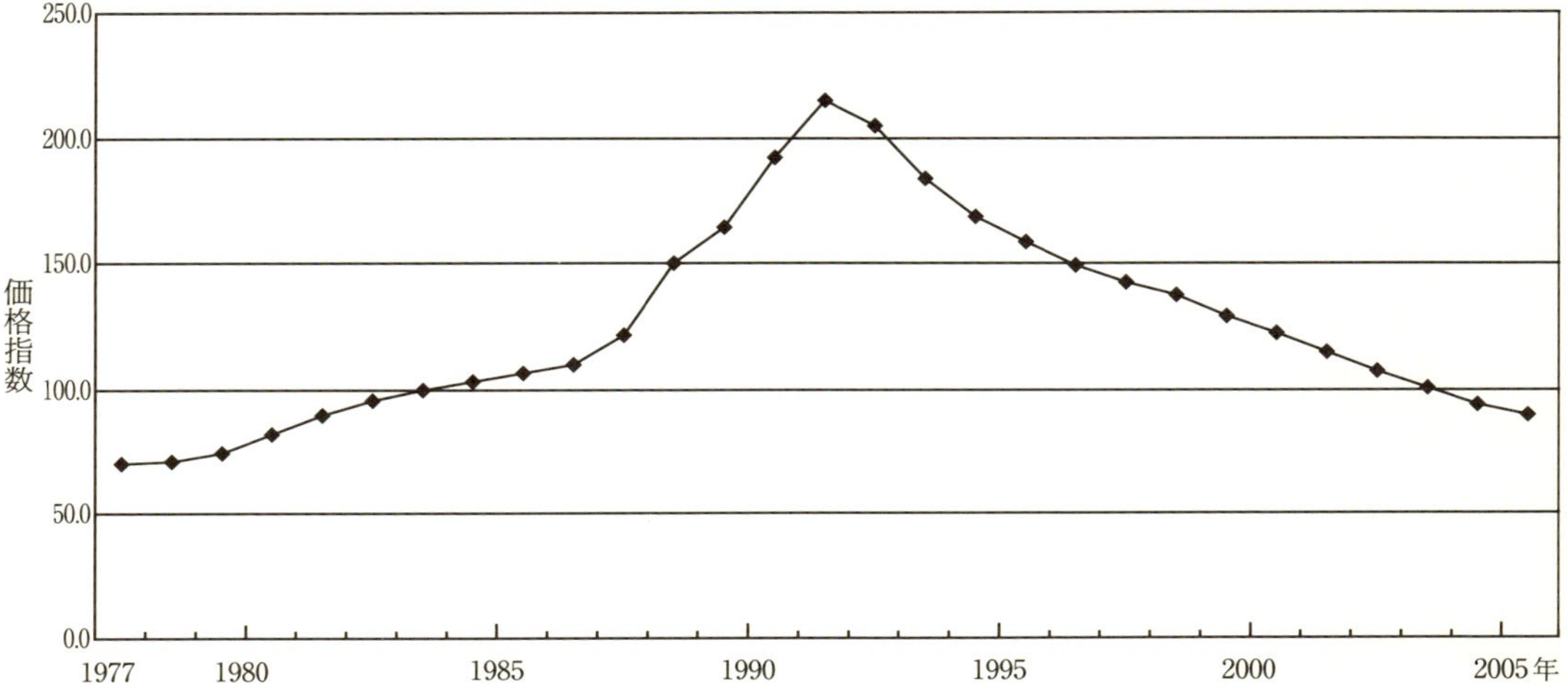

注１）全国指数。
　２）商業地公示価格指数と住宅地公示価格指数の平均値。
　３）1983年を100とした指数。
資料）国土交通省の地価公示より作成。

図表２－２　日経平均株価（月末，終値）推移

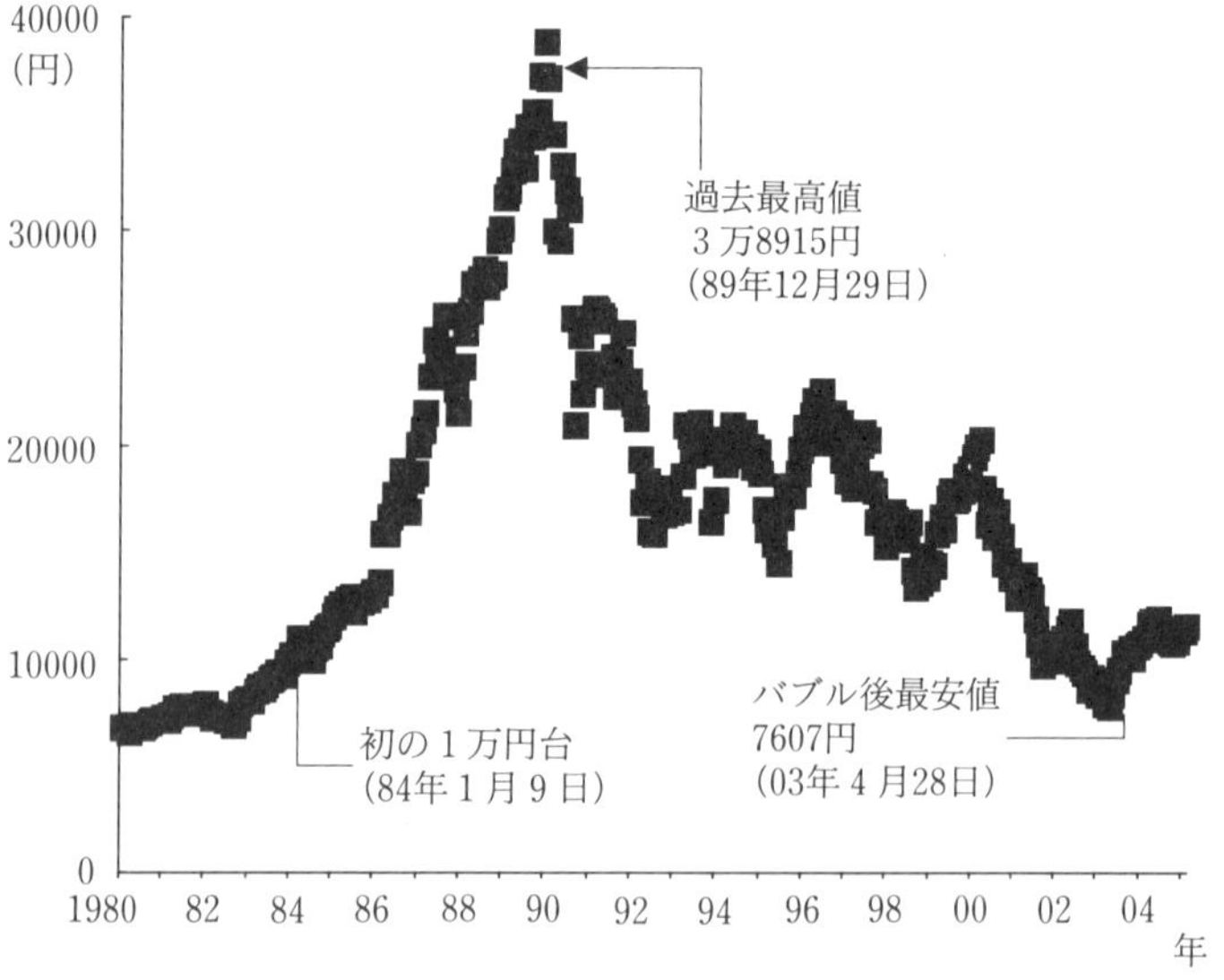

資料）日本経済新聞ホームページより作成。

バブルが弾けてくると、土地、株式に依存することの大きかった銀行経営に与える影響が、次第に深刻化することとなり、経営破綻に陥る金融機関が相次いで表面化してくることになる。

それまでも金融機関の破綻は皆無ではなく、例えば一九八六年に当時経営の悪化した平和相互銀行を、住友銀行が吸収合併するというケースはあったが、預金保険制度（後ほど詳しく述べるが、一九七一年に設立されたセーフティ・ネット）が発動されたのは、一九九一年伊予銀行による愛媛県松山市所在の造船業の不振の影響等をうけて破綻した、東邦相互銀行の救済合併が初めてであった。

図表２－３　金融機関の破綻件数

（単位：件）

年度	1991～1994	1995	1996	1997	1998	1999	2000	2001	2002	2003
総件数	8	6	5	17	30	44	14	56	0	1
銀行	1	2	1	3	5	5	0	2	0	1
信用金庫	2	0	0	0	0	10	2	13	0	0
信用組合	5	4	4	14	25	29	12	41	0	0

資金援助実績の推移（注１）

（単位：件，億円）

年度	1991～1995	1996	1997	1998	1999	2000	2001	2002	2003
総件数	9	6	7	30	20	20	37	51	0
銀行	2	1	1	5	3	4	2	2	0
信用金庫	2	0	0	0	2	10	7	6	0
信用組合	5	5	6	25	15	6	28	43	0
金銭贈与額	7,092	13,160	1,524	26,843	46,371	51,564	16,425	23,185	0
資産買取り額	0	900	2,391	26,815	(注2) 13,044	(注2) 8,501	4,064	7,949	0

注１）各年度の計上は，資金援助実施日（営業譲渡日）ベース。なお，金銭贈与額は，事後の減額等措置分について当初実施日の金額を修正して計上。但し，みどり銀行（資産買取1998年度，金銭贈与1999年度）は，件数のみ1998年度計上。

２）日本債券信用銀行からの資産買取りは，1999年度（2,987億円）と2000年度（824億円）に分けて実施された。

出所）預金保険機構「平成15年度年報」。

そしてその後は図表２－３に示されているように、二〇〇三年度末までに、合計一八一件の金融機関の破綻があり（二〇〇三年度の破綻は足利銀行）、資金援助額（金銭贈与額＋資産買い取り額）は合計二五兆円に達している。

2——金融経済構造の変化に対応できなかった銀行経営

金融機関の破綻の原因については、銀行経営が前述の舟山正克氏の正鵠を得た指摘のとおり（「株と土地に依存した経営のリスク自覚が求められる」『金融財政事情』一九九〇年四月三〇日号）、実力以上に背伸びし切った状況のなかで、バブル崩壊が引き金となったことは間違いないと考えられるが、大きな流れのなかでみると、背景には日本の金融経済環境が高度成長から安定成長に移行することに伴い、根本的な構造変化が起こっていたにもかかわらず、銀行経営がそれに十分対応することができなかったのではないかということだろうと思われる。産業構造が高度成長期の重厚長大型から軽薄短小型へと変化し、鉄鋼、造船業等が次第に不振に陥り、それらに依存している企業城下町が衰退していくことになる。また、円高傾向の持続による労働集約型産業の海外生産移行や、少子化・高齢化に伴い、地方経済が低迷を余儀なくされていく。

金融面では、都市銀行を中心に利鞘のとれる長期貸付へのシフトが強まってきたため、長期信用銀行がレーゾン・デートルを失い、また大企業の銀行離れが進んできたことから、各金融機関が一斉に中小企業、個人向け貸出に雪崩れ込んできた。その結果、高度成長期の特徴のひとつであった金融機関の業態別のすみ分け、すなわち都市銀行は主として大企業向けに、地域金融機関は中小企業向けに特化するという前提が、次第に崩れることとなってきたと言える。

さらに、この間、バブル時代の安易な金もうけによる拝金主義が、モラル面に与えた影響も大きく、銀行（員）の不正事件や不祥事件が相次いで表面化することになり、それらが破綻の原因となった例も数多くみられた[1]。

バブル崩壊後に表面化した銀行の破綻過程をリスク管理の視点からみた場合、銀行経営にとってもっとも本源的なリスクは信用リスクであることがうかがわれる[2]。これまで繰り返し述べてきたように、節度を欠いたと思われるような安易な審査による貸出競争の結果、結局多額の不良債権を抱えることとなり、経営破綻へ至ることとなった。信用リスクの顕現化による不良債権問題の発生から経営不安がささやかれ、それが大量の預金の引き出しといった流動性リスクの顕現化へとつながっていく。またバブル時の拝金主義やモラル・ダウンによるコンプライアンス・マインドの欠如が、銀行への信望（レピュテーション）の低下につながりかねない点も重要である。

金融自由化の先例としてよく引き合いに出される、米国の貯蓄貸付組合（S&L）の破綻の原因を振り返ってみても、結局は信用リスクに行き着く。S&Lは短期の資金調達・長期の運用、すなわち調達面では短期の定期預金を集め、運用面では長期の住宅ローン、例えば三〇年物の固定利付抵当貸付が大部分を占めるといった構造であった。S&Lは、こうした構造的な短期調達・長期運用のミス・マッチから、一九八〇年代始めの金利高騰期に金利リスクが表面化し、経営困難に直面した。その後、短期金利の上昇に伴う調達コストの上昇をカバーするために、業務自由化という米国の金融の流れに沿って、一九八〇年代前半にかけて不動産業をはじめ商業貸付への進出等が容認されたことから、多くのS&Lが不慣れなハイ・リスク貸出へ傾注した結果、経営悪化に拍車がかかるようになったと言われている。[3]

3——セーフティ・ネットとしての預金保険制度

銀行の破綻に対し、これを処理するスキームは預金保険制度である。[4] 預金保険制度は一九世紀前半に米国で生まれ、現在のような制度となったのは大恐慌の後、一九三四年の米国の連邦預金保険公社（FDIC）の発足以降である。日本でも明治から昭和初期にかけての銀行の歴史は、破綻と合併の繰り返しであり、預金者の保護を図るべしとの問題意識は古くから存在した。特に、戦後GHQが預金保険の整備を強く求めたとの経緯があるが、結局預金保険制度が確立したのは、一九七一年の預金保険法の成立後であり、現在に至っている。[5] 預金保険制度の運営は、政府、日本銀行および民間金融機関の出資により設立された預金保険機構[6]が行なっている。

預金保険制度は、同機構のパンフレット（「平成一七年四月以降の預金保険制度の解説：制度概要及びQ&A」〈平成一七年四月〉）等によると、金融機関が預金の払い戻しを停止した場合などに、預金者を保護し、また資金決済の確保を図ることによって、信用秩序の維持に資することを目的とするものである。

具体的な預金保護の方法としては、預金保険機構が預金者に直接保険金（預金の元本一〇〇〇万円およびその利息等が上限）を支払う方式（いわゆるペイオフ方式）と、破綻した金融機関に預け入れられている保険の対象となる預金のうち、付保預金額（決済用預金は全額、それ以外の預金については一金融機関ごとに預金者一人当たり元本一〇〇〇万円までとその利息等の合計額）に対応するものを、その事業とともに健全な金融機関に移管し、その際必要な資金を預金保険機構が援助する方式（資金援助方式：P&A〈Purchase and Assumption〉）の二通りがある。後者の場合、承継された預金は健全な金融機関の業務を通じて預金者に払い戻される。どちらの方式でも、預金保険制度により預金者が保護される範囲は同じであるが、保険金支払方式は破綻金融機関の金融機能が停止し、清算されるのに対して、資金援助方式は破綻金融機関の一定の金融機能は救済金融機関に移管され維持される。

したがって預金保険制度による金融機関の破綻処理というと、ペイオフと呼ばれる保険金支払方式が想定されるが、実際は費用や実務的な問題もあり、七〇年間の預金保険制度の歴史を有する米国でも、小規模銀行の破綻処理として限定的に用いられているに過ぎず(7)、日本でもこれまでペイオフの一時凍結措置がとられていたこともあって適用された実例はなく、世界的に資金援助方式が中心的な手法となっている。

4――東京二信組の破綻と住専の破綻処理

バブル崩壊に伴って不良債権問題が深刻化するにつれて、金融機関の経営破綻が次第に表面化してくるが、特に東京都の二つの信用組合（東京協和信用組合と安全信用組合）の経営破綻が、一九九四年一二月に公表されたのを境に、金融不安が一気に高まってくることになる。その後、東京のコスモ信用組合と大阪の木津信用組合が業務停止命令をうけ、兵庫銀行の破綻へと続いていく。さらに一九九五年の夏、かねてから経営の立て直しが求められていた住宅金融専門会社（住専）への大蔵省の立入検査の結果、総資産の半分におよぶ回収不能な債権のあることが判明し、実質的な破綻であり、これに対する処理が急務となってきた。

住専は一九七〇年頃から、国民の持ち家志向が高まりつつあるなか、銀行は前述のように当時は産業界の資金ニーズが強く、個人の住宅ローン市場にまで手が廻らなかったことから、銀行、信用金庫、生命・損害保険会社、証券会社等が出資して設立した、個人向け住宅金融を専門に扱うノンバンクであった。ところが一九八〇年代半ば頃から、銀行は企業部門の資金需要減少に伴う環境変化を背景に、企業貸出から個人貸出へ戦略を転換し、個人の住宅ローンへ進出してきた。そこで住専の融資とバッテングすることとなり、住専はバブル経済に乗って宅地開発や不動産業者向けといった不動産関連融資へ傾斜していった経緯がある。

住専処理に関しては、多数にのぼる関係金融機関の利害関係がきわめて錯綜し、激しく対立していたことから、当時者間の調整が簡単に付かず、結局政府は一九九六年度の予算で、六八五〇億円の財政措置を講じることとした。[8] これについて、国民の間から不良債権処理のために、どうして税金が使われなくてはならないのかといった不満が高まり、不良債権問題が金融業界内の問題にとどまらず、大きな社会問題、政治問題へと発展していくことになる。当時は東京都の二つの信用組合に対する財政支援措置（当時信用組合は都道府県の管轄下にあった）の拒否をスローガンに、青島幸男氏が都知事選で当選する（一九九五年四月）とか、住専問題（銀行と大蔵省の責任で起こった問題）に税金を使うのはけしからんと、国会でもたいへんな議論が行なわれるといった状況であった。

不良債権問題は、当初は「金融村」だけの業界問題と考えられていたが、次第に景気や経済社会全体にかかわる問題として認識されてくるようになる。経済政策の面でも「金融システムと景気」の関係は、欧米の学界ではかなり以前から議論されていたが、日本で浸透し始めたのは一九九〇年代末になってからとみられる。[9] また、日本の場合は土地神話に対する思い入れが強く、地価が上昇すればすべての問題が片付くのに、今痛みを伴う手段を急いで講ずる必要はないとして、結局公的資金の投入、銀行の損失処理、預金保険制度等の安全網の整備が遅れ気

味となった点は否めない。(10)

5――「金融三法」の成立

こうした状況に対応するために、一九九六年に入り預金保険制度をはじめ、金融制度について新たな枠組みの整備が図られた。まず、住専問題処理のため一九九六年六月に住専処理法が成立し、七月に預金保険機構の全額出資により住宅金融債権管理機構(住管機構)が設立され、住専七社から譲り受けた貸付債権等の財産の管理、回収、処分を行なうこととなった。さらに「金融三法」(「金融機関等の経営の健全性確保のための関係法律の整備に関する法律」「金融機関の更生手続の特例等に関する法律」「預金保険法の一部を改正する法律」)の制定が行なわれ、金融システムを法制面から支える環境がようやく整備されてきた。

このなかで、預金保険法の一部を改正する法律では、①二〇〇一年三月までの五年間の時限措置としてペイオフの一時凍結を行なうこと(その後さらに変更および延長あり)、②住専処理とは別に、破綻信用組合の処理を行なうために、米国でS&Lの処理を目的に財政資金を投入して設立された整理信託公社(RTC)を参考に、整理回収銀行(RCB)を創設することが定められた。そのほかに③金融三法のなかの経営健全性確保法に基づき、早期是正措置の導入

図表 2－4　早期是正措置の概要

区分	自己資本比率		措置の概要
	国際統一基準(注1)	国内基準(注2)	
1	8％未満	4％未満	原則として資本の増強に係る措置を含む経営改善計画の提出およびその実行命令
2	4％未満	2％未満	資本増強計画の提出および実行，配当または役員賞与の禁止または抑制，総資産の圧縮または増加抑制，高金利預金の受入れの禁止または抑制，営業所に置ける業務の縮小，営業所の廃止，子会社または海外現法の業務の縮小，子会社または海外現法の株式の処分等の命令
2の2	2％未満	1％未満	自己資本の充実，大幅な業務の縮小，合併または銀行業の廃止等の措置のいずれかを選択したうえ当該選択に係る措置を実施することの命令
3	0％未満	0％未満	業務の一部または全部の停止命令

注1）海外営業拠点(海外支店または海外現地法人)を有する金融機関が対象。
　2）海外営業拠点のない金融機関が対象。
資料）金融庁ホームページより作成。

が図られた。早期是正措置（一九九八年四月から実施）は、米国で一九九一年に導入された制度にならったもので、監督当局が金融機関の自己資本比率の段階に基づいて、経営改善計画の策定や業務改善命令を発出し、経営の悪化を未然に防ごうとするものである。

具体的には、図表2－4に示してあるように、自己資本比率が国際統一基準適用行（海外支店または海外現地法人等の海外営業拠点を有する金融機関）の場合は八％未満、国内基準の適用行は四％未満となった場合、第一区分（国際統一基準行四～八％、国内基準行二～四％：経営改善計画の提出およびその実行)、第二区分(同二~四%、一~二%:配当・役員賞与の禁止、業務の縮小等)、第二区分の二(同〇~二%、〇~一%:自己資本の充実、大幅な業務の縮小、合併または銀行業務の廃止等)、第三区分(同〇%未満、〇%未満:業務の一部または全部の停止)の是正措置が適用される。そして正確な自己資本比率を算出することが必要であり、そのためには資産内容について適切な自己査定を行なったうえで、それを反映した適正な償却・引当を行なうことが求められる。早期是正措置がうまくワークするならば、破綻処理コストの軽減化に結び付くものと期待されたが、実際は適切に機能する環境にはなかったと指摘されている(11)。

その後、二〇〇二年一〇月の金融再生プログラムをうけ、自己資本比率に表されない収益性や流動性等に関し、銀行経営の劣化をモニタリングするための体制として、同年一二月に早期警戒制度が導入された。そこでは監督官庁が収益指標、大口与信の集中状況、有価証券の価格変動等による影響、預金動向や流動性準備の水準を基準として、収益性、信用リスク、安定性(市場リスク)や資金繰りについて、経営改善が必要と認められる銀行に対して、ヒアリングや報告を求める。そして必要な経営改善を促すほか、場合によっては業務改善命令を発出する仕組みとなっており、早期是正措置を補完する位置付けにある。

6——「日本版ビッグ・バン」構想の実施

これらの措置により一九九六年後半頃から金融システム問題が、一応の落ち着きを取り戻しつつあるかのようにみえ、また景気面でも明るさがうかがわれるようになってきた。こうしたなか、一九九六年一一月、当時の橋本内閣によって「日本版ビッグ・バン」構想が打ち出された。これは二〇〇一年までの間に、金融・証券取引規制の緩和・撤廃を進め、二一世紀の金融システムの構築を目指すというもので、極めて広範囲な内容におよんでいた。

具体的には一九九七年六月「金融システム改革プラン」として公表された。それはフリー(市場原理が働く自由な市場に)、フェアー(透明で信頼できる市場に)、グローバル(国際的で時代を先取りする市場に)の三原則に基づいて、図表2-5に示されるように、①投資家・資金調達者の選択肢の拡大(多様化・複雑化してきている個人、機関投資家のニーズに対応できる金融商品の導入)、②仲介者サービスの質の向上および競争の促進(参入規制、価格統制の廃止による競争の促進と質の向上)、③利用しやすい市場の整備(取引所市場のあり方の見直しや、私設取引システムの導入等)、④信頼できる公正・透明な取引の枠組み・ルールの整備(ディスクロージャーの充実、投資家保護基金の創設等)を図ろうとするものであった。

図表 2－5　金融システム改革の具体的項目（主なもの）

1．投資家・資金調達者の選択肢の拡大
- 1）証券総合口座の導入
- 2）証券デリバティブ全面解禁
- 3）銀行等による投資信託・保険商品の販売
- 4）内外資本取引の自由化等（外国為替管理制度の見直し）

2．仲介者サービスの質の向上および競争の促進
- 1）証券会社の免許制の見直し
- 2）株式売買委託手数料の自由化と証券会社の業務の多角化
- 3）損害保険料率の自由化
- 4）普通銀行による社債発行の解禁
- 5）業態別子会社の業務範囲の見直し
- 6）持株会社の活用

3．利用しやすい市場の整備
- 1）取引所取引の改善と取引所集中義務の撤廃
- 2）店頭登録市場における流通面の改善
- 3）未上場・未登録株の証券会社における取扱いの解禁

4．信頼できる公正・透明な取引の枠組み・ルールの整備
- 1）会計制度の整備
- 2）公正な取引ルールの拡充と検査・監視・処分体制の充実
- 3）早期是正措置の導入

出所）財務省ホームページ。

しかし、その後、後述するさらなる金融破綻が表面化する事態が生じ、ビッグ・バン構想すなわち金融制度改革は、不良債権処理（金融危機対応）との二面作戦となっていかざるを得ない状況となった。当然のことながら、バブル崩壊後の金融危機、不良債権処理に苦しむわが国の銀行にとって、将来を展望した制度改革に取り組むのは、重過ぎる課題だったのではないかとの疑問は起こる。ただ、日本の場合、自由化が漸進的、不徹底であったことが、金融危機がもたらされた原因のひとつだった、との見方が強いことも事実である[12]。そうした視点からみると、その後自由化が大きく進んだことは、危機のなかだったからこそ思い切った改革が行なえたとも言え、その結果グロー

バルな市場競争社会への移行が促進されたという面は大きかった。

構造変革が進んできたものの、自由化が必ずしも十分でなく、銀行を中心とする間接金融優位の状況が依然として支配的であった点が、日本の不良債権問題を深刻化させた要因であったとも言える。銀行の行動がバブル経済を助長し、促進した面は確かにあった。円高景気対策として相次ぐ財政発動や公定歩合の引き下げの結果、過剰流動性がもたらされ、これが不動産、株式投資に過度に集中したことから、バブル経済が発生、その後の長期間にわたる停滞を余儀なくされることとなった。

金利自由化はかなり進んでいたが、自由な商品開発・設計は必ずしも十分でなく、銀行に資金が集中することとなり、預金者に代わって銀行が運用を行なうという金融制度のもとでは、バブル崩壊後のリスクや損失がすべて銀行サイドに集中し、それが顕現化することになる。金融構造が変化してきているなかにあって、金融システムもそれに対応した、ふさわしい構造改革を行なう必要に迫られていたということだろうと思われる。その意味では「日本版ビッグ・バン」構想は銀行にとって重い課題ではあったものの、大きな意味をもった施策であった。

7——山一證券、北海道拓殖銀行の破綻

一九九六年後半頃から金融システムが小康状態を取り戻しつつあるかのようにみえたが、一九九七年春頃に至り再び景気動向に暗雲が漂い始め、一一月になると三洋証券が会社更生法の申請を行ない、事実上の倒産となり、それまでよりはるかに大きな第二次金融危機の幕開けとなった。その後続いて山一證券、北海道拓殖銀行、そして徳陽シティ銀行と大手の証券会社、銀行が相次いで破綻することとなり、日本経済はかつてない深刻な事態へと追い込まれていった[13]。

こうした状況下、預金者をはじめ一般投資家の間にも、金融システムの安定性に対する不安感が高まることとなってきた。それにつれて公的資金投入問題が浮上し、これについては前述のように、住専処理の時以来国民の間に強いアレルギーがあり、タブー視されてきた経緯があるが、何とかならないのかといった声が強く聞かれるようになってきた。

その結果、一九九八年二月と一〇月の二回にわたって法の改正、整備が実施された。まず二月に預金保険法の改正と金融機能安定化法の制定が行なわれ、整理回収銀行（RCB）が破綻した信用組合の受け皿とされていたのを、金融機関一般の受け皿とされたほか、金融システム

安定化資金として三〇兆円の公的資金が準備され、初めて預金者保護等を目的とした公的資金投入の途が開かれることとなった。さらに一〇月に金融再生法および早期健全化法が成立し、公的資金の枠が六〇兆円に拡大され、ようやく銀行の破綻処理と破綻予防のための枠組みが整備された。

金融再生法施行後の銀行の破綻処理は、いずれも破綻した金融機関の不良債権を切り離し、これを一九九九年四月に住管機構とＲＣＢが合併してできた整理回収機構（ＲＣＣ〈The Resolution and Collection Corporation〉）へ売却したうえで、他の健全な金融機関に営業譲渡ないし合併させるというかたちとなった。また、早期健全化法に基づき、健全金融機関に資本注入も実施された。

8――恒久的な預金保険制度および金融機関の破綻処理制度

金融再生法および早期健全化法は、二〇〇一年三月までの時限措置であったため、二〇〇〇年五月の預金保険法改正で、二〇〇一年四月以降の恒久的な預金保険制度および銀行の破綻処理制度の整備が行なわれた(14)。

このなかで、ペイオフ（銀行が破綻した場合に、預金者に保険金を預金保険機構から直接支払う

図表2－6　預金保護範囲の変遷

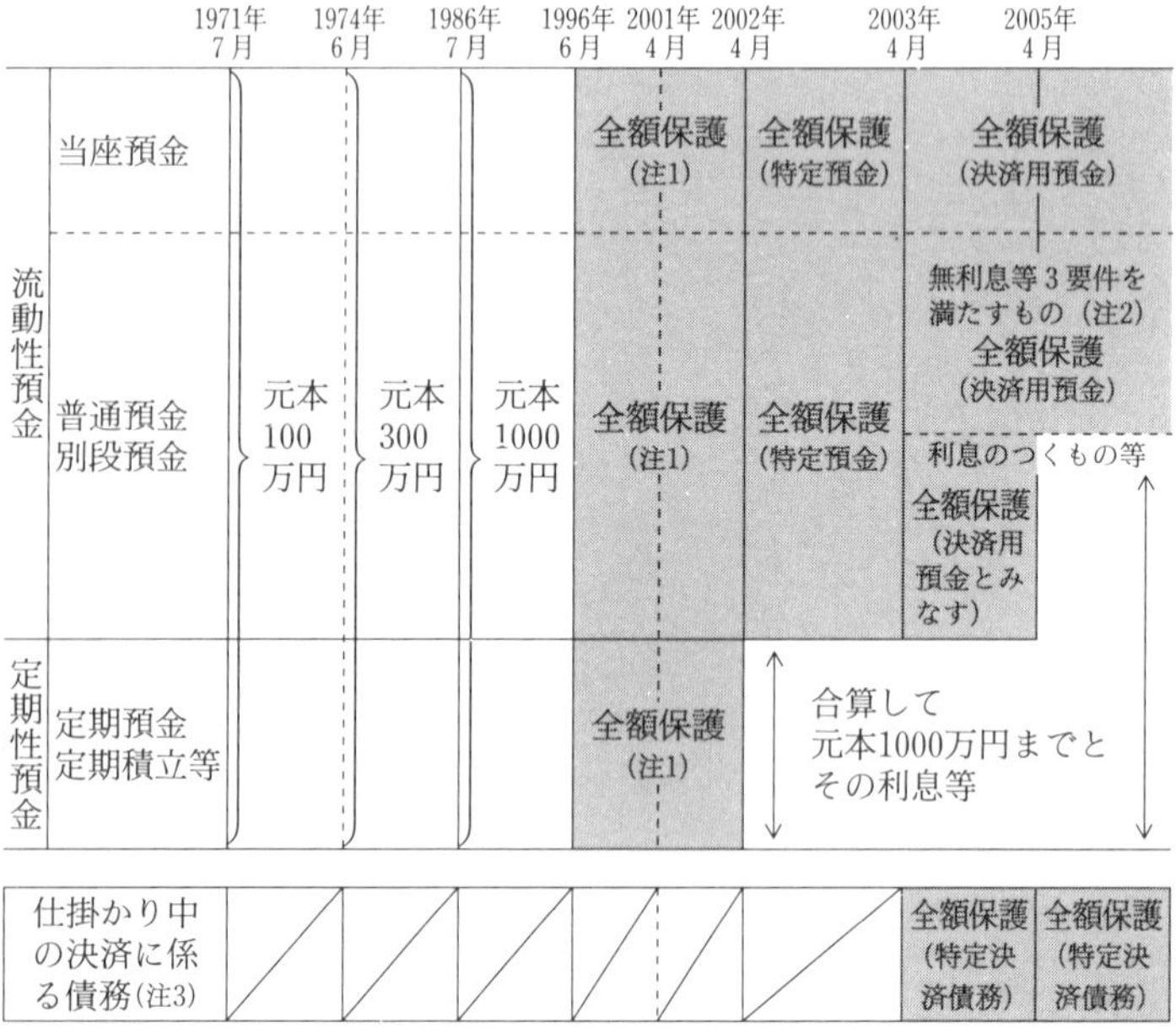

注1）2000年の預保法改正等で預金保険付保対象の拡大が図られている（施行2001年4月）。
預金利息等のほか債権者を確知できる金融債，公金預金，特殊法人預金を付保対象化。

2）決済用預金の3要件とは，無利息，要求払い，決済サービスを提供可。当座預金，無利息の普通預金等が該当。

3）振込み・手形交換等に関し，仕掛かり中の決済（破綻時点で決済が未結了）の債務。

出所）預金保険機構ホームページ。

方式）については、預金保護の範囲の変遷が図表2-6に示されているが、金融システムの不安を背景に、まず一九九六年六月以降二〇〇一年三月まで全額保護することとされ、ペイオフの一時凍結が行なわれていた。さらに一九九九年一二月に与党三党（自民党、自由党、公明党）の政策責任者間で、その特別措置を二〇〇二年三月まで一年間延長する合意がなされたうえ、二〇〇三年三月まで流動性預金（当座・普通・別段預金）のみ全額保護されることとなった。

その後、二〇〇二年九月の内閣改造後、不良債権問題の二〇〇四年度終結方針が打ち出され、一二月の預金保険法改正で、流動性預金のペイオフ解禁が二〇〇三年四月から二〇〇五年四月まで二年間延長され、そのなかで決済用預金（①無利息、②要求払い、③決済サービスの提供が可能なという、三要件をすべて満たす当座預金、無利息の普通預金等のみ）については、二〇〇五年四月以降も恒久的に全額保護されることとなった。二〇〇五年四月以降ペイオフが解禁されることとなり、銀行としてはそれに備えるためには、体質強化と緊迫感をもった経営が求められるうえ、いざという場合に備えての名寄せデータの整備[15]等が必要となってくる。

ただ、銀行が破綻した場合の処理方法は、前述のようにペイオフで直接保険金を支払うという方法だけでなく、これまでずっととられてきた資金援助方式がある。ペイオフ、すなわち保険金の直接支払い方式の場合、相当な事務処理の負担が避けられないうえ、銀行が破綻、清算されるとなると、預金者はもとより、融資をうけている取引先にとっても取引が継続できなくなるといった悪影響が考えられる。そのため、破綻処理の中心的な手法としては、米国をはじめ世界的に同様であるが、これまで日本でも行なわれてきたように、受け皿となる金融機関に破綻金融機関の営業の全部または一部を譲渡し、その時に必要なコスト等を預金保険機構が受け皿金融機関に資金援助を行なう資金援助（営業譲渡）方式が想定されることとなる[16]。

二〇〇一年四月以降の破綻処理、より正確には二〇〇五年四月以降のペイオフの全面解禁後の「通常の破綻処理と金融危機対応」のイメージ図は図表2-7のとおりである。すなわち、通常の破綻処理への対応としては、これまで説明してきたように保険金の支払いと資金援助方式が考えられる。そのほかに銀行の破綻が金融システムを揺るがすような場合への対応がある。これはシステミック・リスク（金融危機）と呼ばれ、特定の金融機関の経営破綻が、わが国または当該金融機関が業務を行なっている地域の信用秩序の維持に極めて重大な影響をおよぼすような状況である。一種の非常事態であるため、総理大臣を議長とする金融危機対応会議の審議を経て、預金保険法第一〇二条に基づいて、預金が全額保護される場合もある。

預金保険法第一〇二条は、具体的には第一号措置は自己資本増強、第二号措置はペイオフ・コストを上回る資金援助、第三号措置は特別危機管理銀行化の措置がとられることとなっている。これに基づき二〇〇三年六月りそな銀行に対し、一号措置として一兆九六〇〇億円の資本増強が実施されたほか、同年一二月には足利銀行に対して三号措置がとられ、同行は一時国有化（特別危機管理銀行）されている。

図表 2－7　通常の破綻処理と金融危機対応

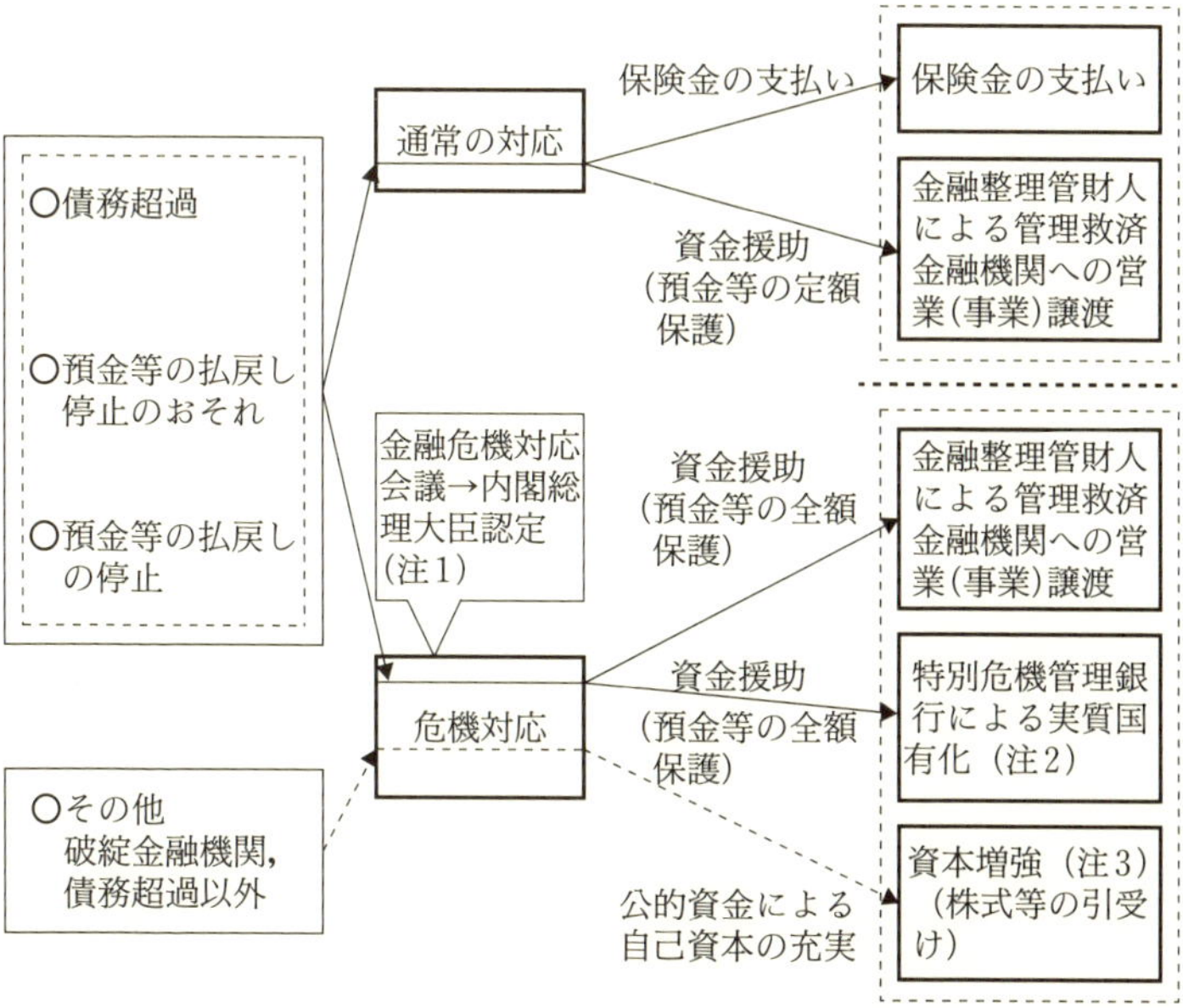

注1）内閣総理大臣は，我が国または当該金融機関が業務を行っている地域の信用秩序の維持に極めて重大な支障が生ずるおそれがあると認めるときは，金融危機対応会議の議を経て，危機対応措置を講ずる必要がある旨の認定を行うことができる（預保法102条1項)。

2）当該措置は，金融整理管財人による管理によっては（注1）の極めて重大な支障が回避することができないと認められる場合に限られる。

3）当該金融機関が，破綻金融機関または債務超過の場合には，資本増強措置を適用することはできない。

出所）預金保険機構ホームページ。

図表２－８　公的資金による資本注入制度の変遷

法　律　名	時　　期	注入額	金融機関数・名
金融機能安定化法	1998年	1.8兆円	21行
早期健全化法	1999年～2001年度末	8.6兆円	32行
預金保険法	2001年度～	1.9兆円	りそな銀行
組織再編法	2003年～ （金融機能強化法に吸収）	60億円	関東つくば銀行
金融機能強化法	2004年～2007年度末	……	……

資料）預金保険機構「平成15年度年報」等より作成。

9――公的資金による資本注入制度

この間、二〇〇五年四月以降のペイオフ解禁も視野に入れ、いかに銀行の体力増強を図っていくかということで、銀行に対する公的資金による資本注入の問題が議論されてきた。公的資金による資本増強の変遷については、図表2－8に示されているように、すでに述べた一九九八年二月に成立した金融機能安定化法に基づく注入（同年三月に当時の大手行一八行と地銀三行に計一・八兆円）にはじまり、同年一〇月に金融機能安定化法を引き継ぐかたちで早期健全化法が成立し、翌年三月に一五行に七・四兆円が投入（その後、期限までに計三二行に八・六兆円を注入）された。その後、二〇〇一年四月以降の恒久的な預金保険制度の一環として、金融危機対応のため預金保険法第一〇二条に基づく公的資金注入制度が導入された。

しかし、この制度はシステミック・リスクが発生した場合への対応であって、一般的な金融機関、特に中小金融機関の救済手段とし

図表２－９　公的資金投入の仕組み

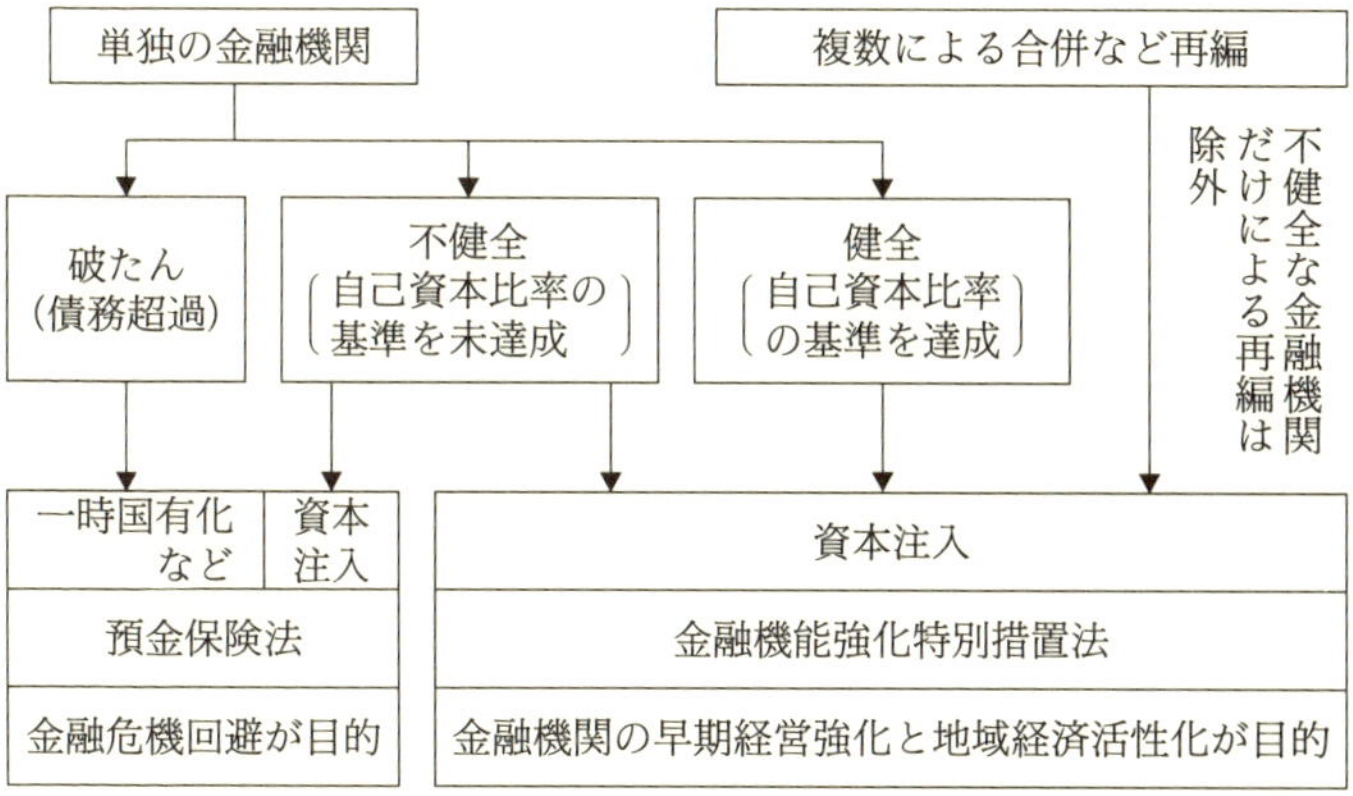

出所）「日本経済新聞」（2004年2月6日）。

ては適用が困難である。次に二〇〇二年に金融機関等が合併等の組織再編を行なう場合に、資本増強を支援する制度として金融機関組織再編促進特別措置法が制定された。この制度は手続きが煩雑であることや、対象が健全行に限られていたことから使い勝手が悪く、利用が進まなかった（次に述べる新法の施行時に同法に吸収された）。

このため、金融機関に予防的に公的資金を注入できる「金融機能強化特別措置法」が、二〇〇四年八月から施行された。これは金融機関が、①地域金融機関同士の合併など組織再編による経営強化を目指すとか、②健全な金融機関が収益強化を目指すとか、あるいは③不健全な金融機関が資本改善を目指すといった場合に、経営強化計画を付けて申請することになっており、二〇〇七年度末までに申し込みを行なうことができる。

今後の公的資金投入のイメージは図表２-９の

とおりで、政府が金融システムに重大な支障が生ずるおそれがあると認めた時には（大手行や一部有力地銀が対象）、預金保険法第一〇二条に基づく投入が発動される。そのほかの地域金融機関等に対しては、金融機能強化法に基づき、自力の資本増強が困難な場合、経営危機に陥る前に公的資金を注入し、貸出などの金融機能の強化や、再編の促進が図られることになる。

以上のように、金融システムの安定化を支えるセーフティ・ネットとしての制度的な枠組みは、相当程度整備されてきたと言える。今後は銀行が規制緩和・自由化時代に対応して、リスク管理に配慮しながらいかに体質改善を図り、収益力を強化していくことができるかにかかっているということであろう。

（1）西村吉正氏は、一九九一年春から顕現化してきた証券・金融不祥事について「実態はよくわからないものの、何となく体ごと闇の中に呑み込まれてしまいそうな薄気味悪さ」があり、「バブルの崩壊に関連する金融界全体に通ずる根の深い問題」と認識されていたと述べている（『金融行政の敗因』文藝春秋、一九九九年、第二章参照）。

（2）横山昭雄氏は、米国通貨監督局（ＯＣＣ）の一九七九～一九八七年に生じた国法銀行の破綻の原因調査の結果を紹介し、破綻に至る要因のうち最も多いのが信用リスクからくる蹉跌であって、ほとんどのケースで「貸出等資産の質」の悪化が破綻の要因に挙げられていると述べている（『金融機関のリスク管理と自己資本』有斐閣、一九八九年、三八～三九頁）。

（3）Ｓ＆Ｌの実態についてはネド・アイヒラー『アメリカの貯蓄貸付組合』御茶の水書房、一九九四年、参照。この他にＳ＆Ｌ破綻に関する教訓として言われているのは、監督当局の姿勢に適切さが欠けていたのではないかという点である。S&Lの監督機関であった連邦住宅貸付銀行理事会（FHLB）は、不健全なS&Lについて清算とか合併などの対策を講ぜず放置していたというような議論があるし、またS&Lの経営悪化に対して自己資本比率規制や金融機関一般に適用される会計原則をむしろ緩和することによって対応した、すなわち問題を先送りしたと指摘されている。実勢が悪化するにしたがって基準の方を緩めた結果、S&Lは体力の充実を図り損ねたことになるし、会計原則の厳格な適用を避けた結果、不良債権処理を先に持ち越すこととなった。そうした結果が一時的には赤字決算の回避につながったものの、結局は一段と傷を深くしてしまったのである。

（4）預金保険制度の対象となる金融機関は、日本国内に本店のある銀行法に規定する銀行、長期信用銀行法に規定する長期信用銀行、信用金庫、信用組合、労働金庫、信金中央金庫、全国信用協同組合連合会、労働金庫連合会である。これらの金融機関の海外支店、政府系金融機関、外国銀行の在日支店は預金保険制度の対象外である。農林中央金庫、農業協同組合、漁業協同組合等は「農水産業協同組合貯金保険制度」に加入している。日本郵政公社の郵便貯金は国により保証されている。証券会社は「投資者保護基金」、生命・損害保険会社はそれぞれ「保険契約者保護機構」に加入している。

（5）預金保険制度がわが国に導入された背景や、預金保険機構の創設に至るまでの経緯等については、預金保険機構『預金保険機構一〇年史』一九八二年、参照。なお、戦後いろいろと議論されながらも、預金保険制度の確立が遅延したのは「大蔵当局も金融界もその他の急務に忙殺されて、預金保険制度に着手する余裕をもたなかったからである」と言われている（玉置紀夫『日本金融史』有斐閣、一九九四年、二四二頁）。

（6）預金保険機構の資本金は、一九七一年の設立当初は四億五〇〇〇万円（政府、日本銀行および民間金融機関がそれぞれ一億五〇〇〇万円）であったが、一九八六年七月に労働金庫が加盟したことにより五〇〇〇万円増額され、さらに一九九六年七月には住専勘定に政府から五〇億円の出資が行なわれたため、現在は五四億五五〇〇万円となっている。

（7）岡田章・神谷和也・黒田昌裕・伴金美編『現代経済学の潮流二〇〇〇』東洋経済新報社、二〇〇〇年の第七章（日本の金融システムの再構築：パネル・ディスカッション）で「アメリカでも、本当の狭義のペイオフはごく小さい金融機関に限られ、多くの金融機関はP&Aである」（二三四頁）と説明している。

（8）西村吉正『日本の金融制度改革』東洋経済新報社、二〇〇三年、三一三〜三二三頁。

（9）池尾和人氏は、一九九〇年代の金融改革制度や金融危機の過程において、アカデミックな議論の貢献は乏しく、「この二〇年ほどの間、金融学界がそれに期待される責務を十分に全うしてきたとは言えないことを（自己批判を含めて）認めざるを得ない」と述懐している（「日本の金融制度」『経済研究』五二巻四号、二〇〇一年一〇月）。

（10）日本経済新聞社編『検証バブル　犯意なき過ち』日本経済新聞社、二〇〇〇年、二四九〜二五一頁。

（11）西村吉正『日本の金融制度改革』東洋経済新報社、二〇〇三年、三二五〜三二八頁。

（12）堀内昭義氏は、「金融自由化の進展ではなく、その遅延と「堅固に護られた」経営と称される経営構造上の特性との組み合わせが、不完全な市場規律を一層弱体化させ、日本に深刻な不良債権問題を生み出したことになる」（『金融システムの未来』岩波書店、一九九八年、一二〇頁）と指摘している。

（13）個別銀行の破綻の経緯等については、北海道拓殖銀行（北海道新聞社編『拓銀はなぜ消滅したか』北海道新聞社、一九九九年）、新潟中央銀行（中村一夫『銀行破たん』考古堂書店、二〇〇一年）、石川銀行（読売新聞金沢支局石川銀行問題取材班『石川銀行　破綻の航跡』能登印刷出版部、二〇〇三年）、兵庫銀行（西野智彦『検証　経済暗雲』岩波書店、二〇〇三年）、日本長期信用銀行（ジリアン・テット、武井楊一訳『セイビング・ザ・サン』日本経済新聞社、二〇〇四年）等多くの著作で多面的な視点から、詳細に述べられている。

(14) 預金保険制度の変遷過程、制度の概要については、佐々木宗啓編著『逐条解説　預金保険法の運用』金融財政事情研究会、二〇〇三年、序論参照。

(15) 金融機関が破綻した際に対象預金の払い戻しは、預金者一人当たり元本一〇〇〇万円までとその利息等の合計額であるが、それが的確かつ迅速に行なわれるためには、同一の預金者が当該破綻金融機関に有する複数の預金口座を合算しておくこと(「名寄せ作業」)が必要である。預金保険法(第五五条の二)において、金融機関は破綻時に預金保険機構に名寄せのための預金者データを磁気テープにより遅滞なく提出すること、そのための名寄せデータやシステムの整備を平時から行なっておくことが義務付けられている。

(16) 一九九九年一二月の金融審議会の答申で「金融機関が破綻した場合には、破綻処理に要するコストがより小さいと見込まれる処理方法を選択するとともに、破綻に伴う混乱を最小限に止めることが重要であり、金融機関の破綻処理方式としては、資金援助方式の適用を優先し、保険金支払方式の発動はできるだけ回避すべきである」との方針が示されている。また、永田俊一氏は、「直接保険金を支払う方式については、営業が停止されてしまい信用秩序に大きな影響が出るため、金融機能を維持したまま救済金融機関へ営業譲渡と資金援助を行う方式による破綻処理が望ましいと考えている」と述べている(「永田俊一預金保険機構理事長に聞く　ペイオフ解禁拡大で預金保険制度も平時モードに」『金融財政事情』二〇〇五年一月一七日号)。

第三章　不良債権の定義と認識および処理をめぐる考え方

バブル崩壊後、銀行が多額の不良債権を抱えているとみられたが、不良債権に対する明確な定義、開示基準が整備されていなかったこともあり、実態が不明で常に疑心暗鬼を生むことになっていた。その後、開示基準が明確化され、現在では日本のディスクロージャー制度は米国と並ぶ透明性の高いものであると言われている。こうして開示された不良債権の処理について、当初二〇〇〇年頃の議論では、ともかく最終処理（オフ・バランス化）を行なうべきということであったが、その後デフレ経済下での景気や雇用面への影響を考慮して、清算型の処理から再生型の処理が検討されるようになり、再生型に重きが置かれるようになってきた。不良債権問題の深刻化、金融システムの不安にかんがみ、二〇〇一年初来相次いで政府の経済対策が打ち出され、とりわけ不良債権の処理促進のため数値目標が示されたことから、主要行中心に不良債権比率が大幅に改善することとなった。一方、地域金融機関でも処理は進捗しているものの、主要行に比べ地域経済に与える影響度が大きいこともあって、処理のスピードは必ずしも十分でないとする向きも多い。

1——不良債権の定義とディスクロージャー

そもそも不良債権とは何かということである。銀行が企業や個人等へ貸し出した資金＝貸出金＝債権は、正常な状態であれば約定した期日に利息や元金が返済される。正常債権である。しかし、企業等の貸し出した先の経営状態が悪化する、あるいは破綻するといった事態が生じると、利息の支払いや元金の返済が延滞するとか、将来支払われなくなるかもしれないといったおそれが出てくる。こうした債権が不良債権と呼ばれる。

バブル崩壊後、日本の銀行が相当額の不良債権を抱えているのではないかとの問題が提起され続けてきたが、①銀行の不良債権を判断する基準が不明確であったこと（期日どおりに返済されないといっても、延滞期間が三か月のものを言うのか、六か月なのかあるいは一年なのかは不明確）、②ディスクロージャー（情報開示）制度が不備であったことから、なかなか実態把握が難しく、一体不良債権がどのくらいあるのか、常に疑心暗鬼を生むこととなっていた。例えば一九九九年三月末の主要行の公表のリスク管理債権は二〇・三兆円であったが、当時あるアナリストは七〇兆円近いと試算していたケースもみられた[1]。

銀行の不良債権が開示されるようになったのは、一九八一年の銀行法改正で新たにディスクロージャーに関する規定が設けられた時からである。しかし、そこではディスクロージャーに関する具体的内容や、基準が明確に定義されていなかったため、開示内容が銀行によって異なり、相互に比較しにくい状況であった。その後、不良債権問題に関し、世間の関心が高まってきたこともあり、一九八七年に全国銀行協会（全銀協）が最低限の開示項目として統一開示基準を制定し、一九九八年の銀行法改正により開示項目が法定化されるなど（「統一開示基準」は廃止）、次第に開示が進められてきた[2]。

その結果、現在の日本のディスクロージャー制度は、米国と並ぶ透明性の高いものと言われている。銀行の経営状態を把握しておくことは、預金者はもとより取引先企業にとっても非常に大きな関心事であり、特にペイオフ解禁後は、預金者の自己責任原則の確立のためにも必要不可欠なこととなる。適切なディスクロージャーが行なわれ、そのもとで預金者が自らの判断と選択、責任において銀行の経営内容を検証していくことは、銀行を鍛え、銀行が預金者の信頼に応えられるよう緊迫感をもって経営努力をすることにつながるであろう。

現在、日本では図表3-1に示されているように、三種類の不良債権が開示されている。「リスク管理債権」は銀行法に基づくもので、一九九三年三月から公表され、「再生法開示債権」は金融再生法に基づく開示債権で、一九九九年三月から公表され、「自己査定」は銀行の自己査定に基づくもので、一九九八年三月から公表されている。リスク管理債権の開示された後、

図表３－１　リスク管理債権、再生法開示債権および自己査定の関係

<table>
<tr><th>リスク管理債権</th><th>再生法開示債権</th><th>自己査定</th></tr>
<tr><td>銀行法等に基づく開示
(1993年3月～)</td><td>再生法等に基づく開示
(1999年3月～)</td><td>適切な償却・引当を行うための準備作業
(1998年3月～)</td></tr>
<tr><td>対象：貸出金</td><td>対象：貸付有価証券，貸出金，外国為替，未収利息，仮払金，支払承諾見返</td><td>対象：総資産</td></tr>
<tr><td>担保・引当カバー分を含む</td><td>担保・引当カバー分を含む</td><td>担保のカバー状況は分類において勘案</td></tr>
<tr><td>破綻先債権
未収利息不計上貸出金のうち，更生手続き開始等の事由が生じているもの</td><td rowspan="2">破産更生債権及びこれらに準ずる債権
破産，会社更生，再生手続等の事由により経営破綻に陥っている債務者に対する債権及びこれらに準ずる債権</td><td rowspan="2">破綻先
実質破綻先
第Ⅰ分類　第Ⅱ分類　第Ⅲ分類　第Ⅳ分類</td></tr>
<tr><td rowspan="2">延滞債権
未収利息不計上貸出金であって，上記破綻先債権及び債務者の経営再建又は支援を図ることを目的として利息の支払いを猶予したもの以外のもの</td></tr>
<tr><td>危険債権
債務者が経営破綻の状態には至っていないが，財政状態及び経営成績が悪化し，契約に従った債権の元本の回収及び利息の受取りができない可能性の高い債権</td><td>破綻懸念先
第Ⅰ分類　第Ⅱ分類　第Ⅲ分類</td></tr>
<tr><td>3か月以上延滞債権
元金又は利息の支払が，約定支払日の翌日を起算日として3か月以上延滞している貸出債権
（破綻先債権，延滞債権に該当するものを除く）</td><td rowspan="2">要管理債権
3か月以上延滞債権及び貸出条件緩和債権</td><td rowspan="2">要注意先
第Ⅰ分類　第Ⅱ分類</td></tr>
<tr><td>貸出条件緩和債権
経済的困難に陥った債務者の再建又は支援を図り、当該債権の回収を促進すること等を目的に、債務者に有利な一定の譲歩を与える約定条件の改定等を行った貸出債権（上記に該当するものを除く）</td></tr>
<tr><td>～</td><td>～</td><td>正常先
第Ⅰ分類</td></tr>
</table>

出所）金融庁ホームページ。

自己査定による不良債権額が発表されると、リスク管理債権額との差額があまりに大きかったことから問題となった。そこで金融庁（金融監督庁）がリスク管理債権の概念をベースに、自己査定の概念も極力取り入れるかたちで導入したのが、金融再生法ベースの開示債権であった。[3]

これらはそれぞれの開示目的に応じ、判断基準や対象となる資産の範囲が異なっている。「リスク管理債権」は銀行法に基づき、銀行の財務内容等の透明性の確保を目的とするもので、貸出金のみを対象としており、個々の債権ごとに着目してその利息や元本の返済状況により、①破綻先債権、②延滞債権、③三か月以上延滞債権、および④貸出条件緩和債権に分類される。「再生法開示債権」は、金融再生法に基づくもので、前述のとおり「リスク管理債権」と「自己査定」の折衷で、①破産更生債権及びこれらに準ずる債権、②危険債権、③要管理債権、および④正常債権に区分される。①〜③が不良債権で、このうち①と②は総与信、③は貸出のみが対象となる。

「自己査定」は銀行が適正な償却・引当を行なうための準備作業で、内部的に行なうもので、総資産を対象にまず債務者の財務・経営状況に応じて「破綻先」「実質破綻先」「破綻懸念先」「要注意先（その一部が要管理先）」「正常先」に区分する。次にその債務者に対する個々の資産を、回収の危険性または価値の毀損の危険性の度合いに応じて、①I分類（非分類、正常先）、②II分類（債権確保上の諸条件が満足に満たされていないため、あるいは信用上疑義が存する等の理由により、その回収について通常の度合いを超える危険性を含む）、③III分類（最終の回収または価値について重大な懸念が存し、したがって損失の発生の可能性が高いが、その損失額について合理的な推計が困難)、および④Ⅳ分類(回収不可能または無価値と判定される)に区分され、Ⅱ〜Ⅳ分類が不良債権である。

こうした分類区分のうちどこまでを不良債権とみるか、不良債権としてどう線引きするかはなかなか難しい問題で、これまでいろいろと議論されてきた。論点は債務者区分でみると、要注意先(一部要管理先を含む)をどう判断するかということであり、分類債権ではⅡ分類をどうみるかということである。後述の「緊急経済対策」および「より強固な金融システムの構築に向けた施策」で、主要行に課せられた不良債権処理促進の対象債権は、「破綻懸念先」以下の債権であり、「金融再生プログラム」で謳われている主要行に対する不良債権比率の半減目標は、要管理先以下の債権が対象となっている。

2——不良債権の処理をめぐる考え方

不良債権残高の推移を時系列的にみるためには、途中で定義の変更や対象金融機関の変更があったものの、リスク管理債権が利用できる指標である。全国銀行のリスク管理債権の残高は図表3-2に示されているように、はっきり減ったとわかるのは二〇〇二年度以降を除けば、

図表3－2　不良債権残高の推移
（全国銀行ベース）

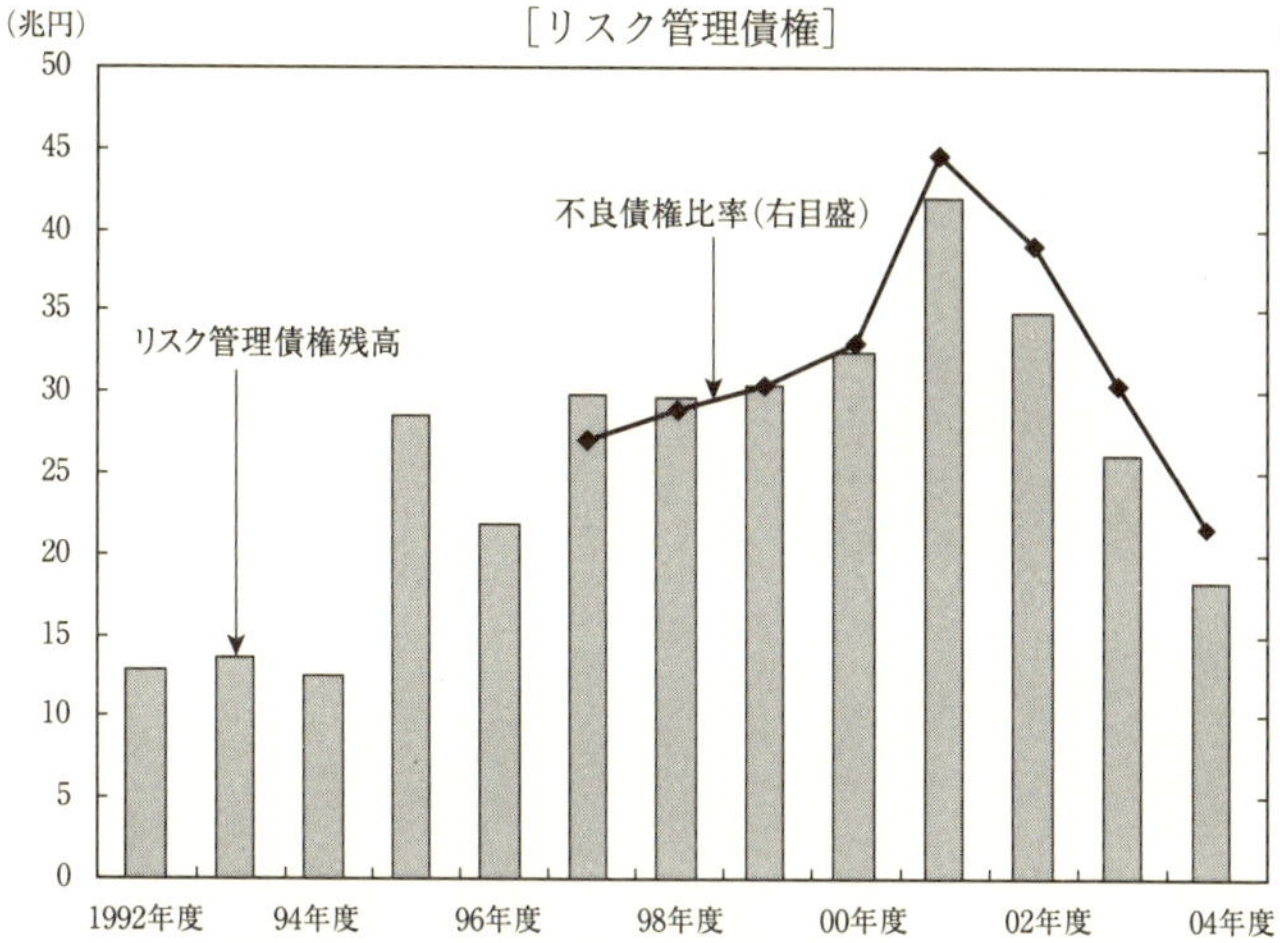

注1）リスク管理債権の定義，対象業態等は図表3－1，図表4－6の注参照。
　2）不良債権比率はリスク管理債権残高／貸出金。

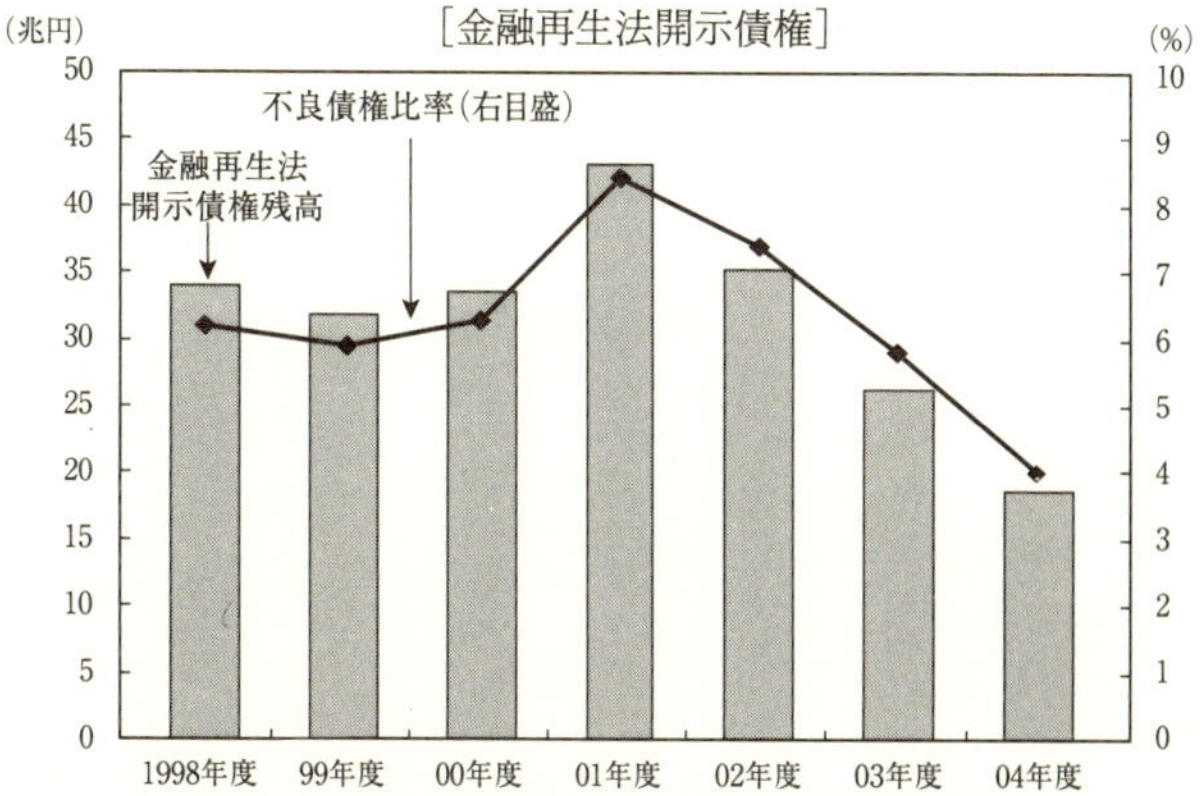

注）不良債権比率は金融再生法開示債権残高／総与信。
資料）金融庁ホームページより作成。

金融三法の成立で金融システムが一時的に安定し、景気面でも若干の明るさがうかがわれた一九九六年度のみで、その他の年度では横ばいないし増加傾向をたどってきた。こうした状況のなかで、銀行としても手をこまぬいていたわけではなく、毎年毎年大手行を中心にかなりの処理を進めてきており、銀行経営者から「不良債権処理は最後」といった言葉が幾度となく聞かれ、現に『経済白書』(二〇〇〇年版)でも、「大手行に関しては不良債権問題がほぼ峠を越えたものと考えられる」と述べている。

しかし、銀行の決算が発表される都度(銀行の三月決算の内容は五月に、九月中間決算の内容は一一月に発表され、三月決算の内容を説明したディスクロージャー誌は毎年夏頃銀行の店頭等で入手できる)、期初に予想していた不良債権の処理額を上回る処理を余儀なくされ、しかもその処理額が、銀行の営業活動にかかわる本源的な収益である、業務純益の範囲内で処理できないといった事態が続くことになった。なぜそういった状況が繰り返されたかについては、①どうしても右肩上がりの経済に対する期待感が強く、いつか景気はよくなるだろうということで、処理を先送りしてきた面が否めないこと、②バブル期に生じた不良債権の処理は進んだとしても、その後のデフレ不況で経営の悪化した先が増えていったとみられること、③金融庁検査や自己査定の厳格化等により査定区分が厳しくなってきたこと、等の点を指摘することができる。

この点に関し、常に議論の対象となってきたのが、「不良債権の存在することが長期不況の原因」なのか、すなわち不良債権を取り除けば景気は回復するということなのか、あるいは

「不良債権は不況の結果」であり、不況の真の原因は不良債権の存在ではなく、構造問題やデフレの結果であり、不良債権を処理したからといってすぐに景気が回復に向かうとは限らないということなのか、ということであった。この問題については、多くの専門家がさまざまな考えを述べており、議論の錯綜している感があり、一概に判断することは難しい(4)。ただ、政府の不良債権処理方針の推移をみていると、不良債権問題の位置付けに対する見方が変化していることがうかがわれる。

3——「間接償却」から「最終処理」へ

銀行が不良債権を処理する場合には、間接償却と最終処理(オフ・バランス化)の二通りの方法がある。間接償却は貸出債権の残高はそのままにしておいて、将来損失が発生した場合に備えて、貸倒引当金を積んでおくことである。それに対し最終処理は「私的整理」(銀行の債権放棄)や「法的整理」(民事再生や特別清算等)、または「債権売却」によって不良債権を貸借対照表から消してしまう、すなわちオフ・バランス化することである。間接償却の場合は、引当金を積むだけで債権はそのまま銀行に残るため、取引先との関係も継続することとなる。しかし、担保である土地の価格が下落したり、貸出先の業況が悪化して自己査定における債務者区分が下がったりすると、引当金の積み増しが必要となることから、銀行にとって先行きの収益見通しが立てられず、不安定要因を抱え込むこととなる。

その点、最終処理を行なえば、不良債権はバランス・シートから切り離されることとなるため、切り離した時点で損失額が確定し、その後は銀行の収益に影響を与えることがなくなる。不良債権の最終処理により、銀行は、①キャッシュ・フローの改善（担保処分や不良債権の売却等により現金が流入し、こうした現金の再投資により収益性が向上）、②企業倒産、担保価値下落に伴う引当金積み増し等追加損失発生リスク（ダウン・サイド・リスク）の回避、③債権管理・回収コストの削減、さらに④公表不良債権額の削減を通じた信認回復といった効果を享受することが可能となる。[5]

不良債権のオフ・バランス化を進めることは、金融再生法の意図するところであったし、米国、EC等諸外国からも不良債権の抜本的処理を強く求められ、特に二〇〇〇年から二〇〇一年にかけて銀行の健全化策として、当時の日本銀行総裁や金融担当相等の関係者からも強くオフ・バランス化が言われた。[6] こうした主張の背景には、二〇〇一年版の『経済財政白書』で述べられていたように、不良債権問題が足かせとなって経済成長を押し下げているという考えがあったように思われる。[7]

しかし、最終処理を推し進めるということは、連鎖倒産を誘発するおそれがあるなど、景気や雇用面への影響が大きく、デフレのさらなる深刻化をもたらしかねないとの批判が出た。金融界からも「再建可能な企業の債権まで直接償却するのは問題があり、まだハードルが残っている」(東京三菱銀行三木頭取「産経新聞」二〇〇一年二月二一日)との声が聞かれたこと等もあり、その後次第に清算型の処理ではなく、再生型の処理の方向へと議論が進んできたようにうかがわれる。

4——再生型の処理の考え方

銀行が不良債権のオフ・バランス化を進めることは、銀行にとってはバランス・シートの健全性が図られ、不良債権問題は解決することになる。しかし、オフ・バランス化された企業の側では、銀行との取引関係が絶たれることとなり、その結果、信用不安、倒産、従業員の解雇、失業者の増加といった事態が生じるおそれが出てきて、デフレの一段の深刻化が心配された。(8)

不良債権問題は債権者である銀行サイドの側面だけではなく、借り手である企業の過剰債務問題や低収益と表裏の関係にあるため、そうした企業の再生(なお、再生するのは法人そのものではなく、あくまでも継続価値のある事業自体であり、したがって企業再生というよりも事業再生と呼ぶのが適切な場合もあるが、一般的には「企業再生」の概念に含まれるものとみられ(9)、したがって今後特に両者の区別は行なわずに使用することにする)を同時に進めていかない限り、経済活動全体の活性化につながらないし、資金の効率化も図れないことになる。

銀行にとって、企業を再生するメリットは大きい[10]。銀行は企業の再生の過程で債務超過解消のため、一部債権放棄等の金融支援が求められるが、再生後は自己査定における債務者区分の引き上げ（上位遷移）に伴い、引当率の引き下げができ、つれて引当金の戻し入れ益が発生し、さらに適正な利鞘の確保や新たな金融サービスの提供に向けた環境が整うこととなり、収益機会の拡大を図ることが可能となる。また、企業の淘汰および再生によって、人的、物的資源や資金の非効率的な分野から、効率的な分野への再配分が行なわれることとなり、経済全体の前向きの循環が進むこととなる。このため、銀行の不良債権処理に当たっても、オフ・バランス化による処理を前提にしながらも、可能性のある場合には人材、組織を活用して企業再生へも取り組むとか、企業再生を前提としたオフ・バランス化（民事再生法による債権切り捨て、私的整理による債権放棄、および再生後買い戻し、ないしリファイナンスによる取引継続等）をあわせて検討するようになってきた[11]。

こうした考え方を、単純化したケースで説明すると、図表3-3のようにみることができる[12]。まず、①銀行に不良債権一〇〇が発生し、このうち担保処分等により七〇の回収が見込まれるとする。こういった事態が生じると、通常の場合銀行はまずはじめは、②間接償却の処理によって回収できない部分三〇について、貸倒引当金を積むことになる。これは銀行の帳簿上の処理であり、銀行と取引先の関係は維持される。次にさらに③担保価値が下落して、回収可能見

図表3－3　銀行の不良債権処理のプロセス

①	不良債権の発生100　→　回収可能見込み額70
②	間接償却の実施　回収可能見込み額70 貸倒引当金30
③	担保価値の下落（回収可能見込み額の減少70→50）
④	［間接償却の実施］回収可能見込み額50 貸倒引当金の積み増し30→50（＋20） ⇨担保価値が下落を続ける限り貸倒引当金の積み増しを実施 ［直接償却の実施］（ｉ）第三者に売却50 回収額50 貸倒引当金取崩し△30 売却損失△20 ⇨最終損失が確定 （ii）（再建計画の策定を前提に）債権放棄△40 正常債権60

込み額が七〇から五〇に減少した場合、どうするかである。④の引き続き間接償却を行なう場合は、貸倒引当金の積み増しが必要となり、貸倒引当金は三〇から五〇へ増加する。この処理を続ける限り、さらに担保価値が下落した場合、毎期貸倒引当金の積み増しが必要で、銀行の損失がいつまで経っても確定しないことになる。

一方、④直接償却を実施する場合、例えば(i)第三者にこの債権を五〇で売却すると、回収額五〇と貸倒引当金取り崩し三〇で、八〇の回収ができたと考えられ、売却損失が二〇出るものの、銀行の損失はこの時点で確定する。この結果、銀行のバランス・シートからは不良債権がなくなることとなり、銀行にとっては不良債権問題は解決する。ただ、これを企業サイドからみると、銀行との取引が絶たれ、経営不安が高まることになるため、さらなる連鎖倒産のおそれも強くなり、銀行は何とか企業の再生ができないか検討することが行なわれる。銀行が（ii）企業の再建計画の策定を条件に、債権放棄四〇に応ずることとする。銀行では残りの債権六〇について正常化するうえ（貸倒引当率の引き下げ、戻し入れ益三〇）、再建がうまくいった場合には、残りの債権の回収が可能となる。また、銀行は再生を前提に第三者に売却した場合、その後正常化された債権について、買い戻しないしリファイナンスを行なうことも可能となる。

なお、後述するように整理回収機構（ＲＣＣ）の機能が拡充され、企業再生業務が明確に打ち出されたが、ＲＣＣ社長の定例記者会見時の公表資料によると、ＲＣＣの企業再生実施状況が図表３‐４のように示されており、ＲＣＣの二〇〇一年一一月以降二〇〇四年一二月末までの再生実施案件は三〇〇件である。再生による回収見込み額は二九九七億円で、これは事業再生継続によるキャッシュ・フローからのプラスの回収が期待できるため、清算するよりも再生の方が回収極大化につながりやすいとのことである。

再生の対象となった企業の売上高は一兆六〇四二億円で、これだけの営業をしている先が、もし破綻した場合には下請けを含めた仕入先の連鎖倒産がかなり発生したとみられる。さらに雇用面では、再生により四万二一三八人の雇用継続が図られたことになっている[13]。また、企業にとっては、負債総額五兆六七七億円から債務超過額一兆五五七一億円を差し引いた三兆五一〇六億円が、債権放棄後の残債であり、財務リストラの効果が大きいうえ、銀行としても対象

図表3－4　整理回収機構の企業再生実施状況
(2001年11月再生本部発足以降累計ベース〈2004年12月末現在〉)

1.　再生実施状況

(1)　実施件数
総計　300件

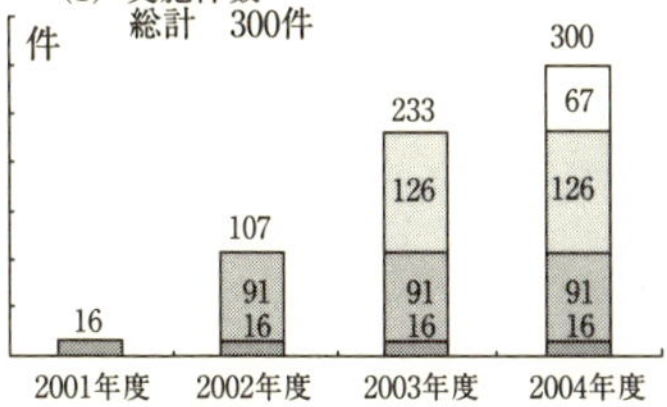

(2)　回収見込額(RCC債権のみ)
総計　2,997億円

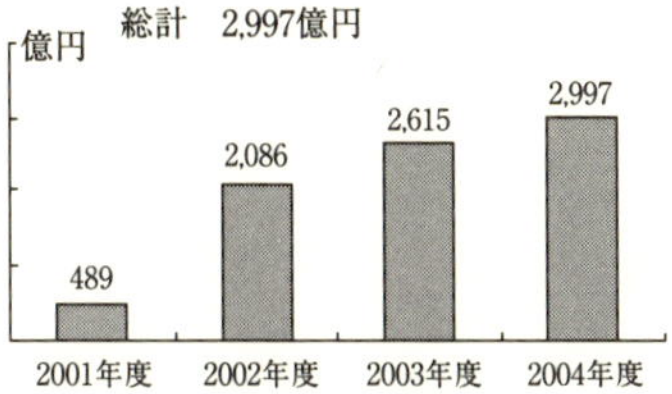

2.　再生企業概要

(1)　売上高
億円　　総計　16,042億円

(2)　償却前営業利益(EBITDA)
総計　1,085億円

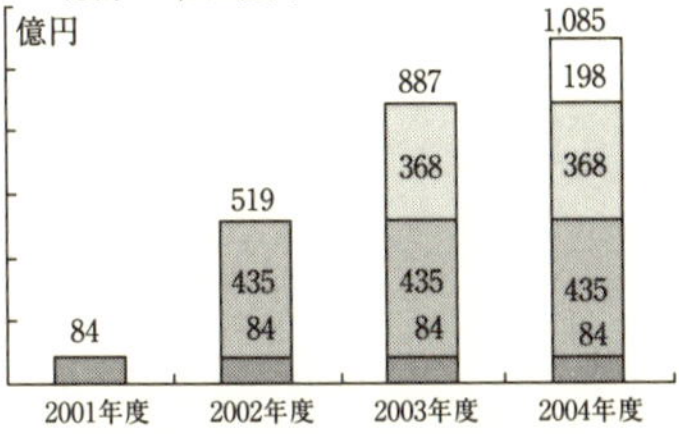

(3)　債務超過累計
総計　15,571億円

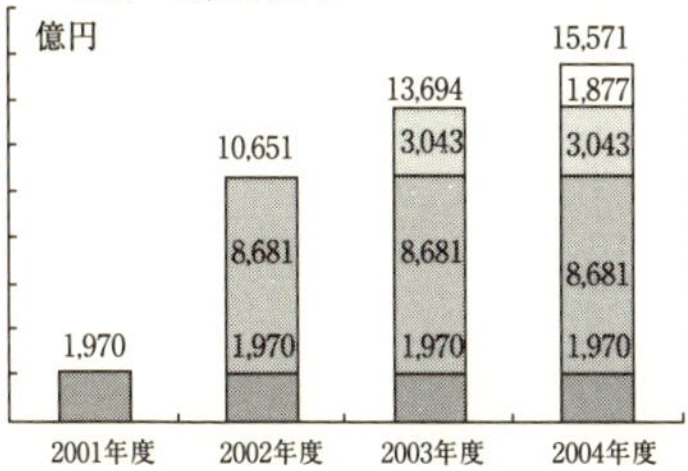

(4)　負債総額
総計　50,677億円

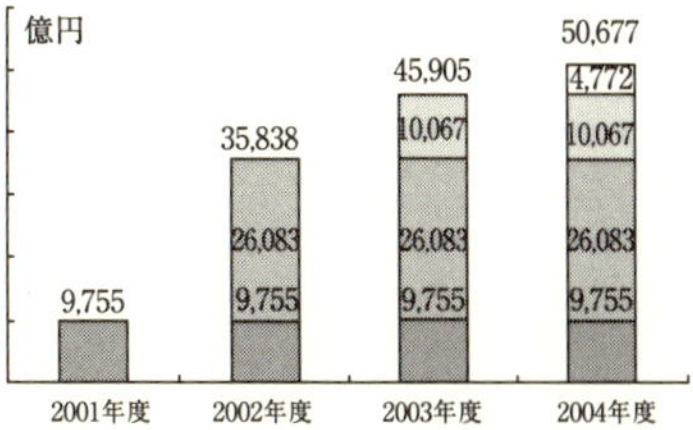

(5)　従業員数
総計　42,138人

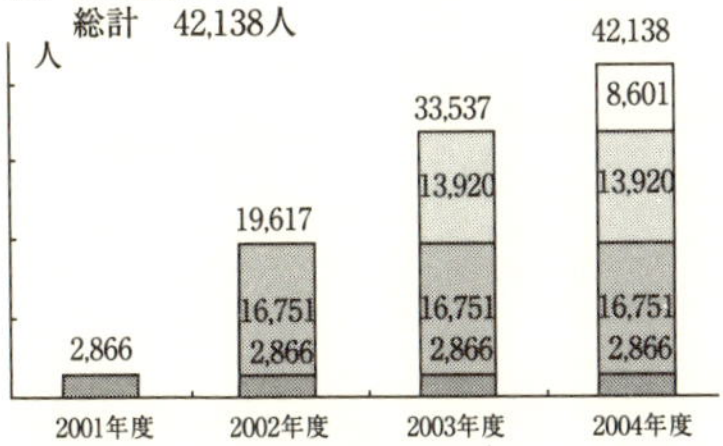

出所)　整理回収機構ホームページ。

企業の債務者区分の引き上げに伴い、引当金の戻り益や正常金利での付利が可能となる。

5――相次ぐ経済対策の実施

いずれにしても、不良債権問題が日本経済に大きな影響を与えることが認識され、①不良債権の抜本的な処理を進める必要がある、②金融システムの安定性を確保する必要がある、また③日本経済の活性化により不良債権の新規発生を抑える必要があるという視点から、二〇〇一年初来相次いで政府の経済対策が打ち出された。

具体的には「緊急経済対策」（二〇〇一年四月）、「今後の経済財政運営及び経済社会の構造改革に関する基本方針（骨太の方針）」（同年六月）、「改革先行プログラム」（同年一〇月）、「早期に取り組むべきデフレ対応策」（二〇〇二年二月）、「より強固な金融システムの構築に向けた施策」（同年四月）、「改革加速のための総合対応策」（同年一〇月）、「金融再生プログラム」（同年一〇月）、「リレーションシップバンキングの機能強化に関するアクションプログラム」（二〇〇三年三月）等が実施された。こうした各対策の最大のポイントは、これまで銀行が自主的な不良債権の最終処理を先送りしてきたとの認識から、初めて政府が年限を区切って、銀行に最終処理を促したという点である。

図表 3－5　金融機関に対する不良債権処理促進ガイドライン

（主要行）

①「緊急経済対策」（2001年4月6日）

○　破綻懸念先以下の債権に区分されるに至った債権について，原則として3営業年度以内にオフ・バランス化につながる措置を講ずる

○ 既に，破綻懸念先以下の債権に区分されているものについては，原則として2営業年度以内にオフ・バランス化につながる措置を講ずる

②「より強固な金融システムの構築に向けた施策」（2002年4月12日）

○ 「緊急経済対策」の枠組みの中で，オフ・バランス化を一層加速するため，具体的な処理目標として，原則1年以内に5割，2年以内にその大宗（8割目途）について所要の措置を講ずるよう要請する

③「金融再生プログラム」（2002年10月30日）

○　2004年度には，不良債権比率を現状の半分程度に低下させ，問題の正常化を図るとともに，構造改革を支えるより強固な金融システムの構築を目指す

（中小・地域金融機関；地銀，第二地銀，信金および信組）

「リレーションシップバンキングの機能強化に関するアクションプログラム」（2003年3月28日）

（主要行と同様のオフ・バランス化手法を取ることは困難で，中小・地域金融機関の不良債権の特性を踏まえた処理の推進）

○ 不良債権処理は，地域経済に与える影響を念頭に置きつつ，貸し手，借り手双方が十分に納得のいく形で進められる必要

○ 適切な償却・引当により金融機関の健全性を確保しつつ，一定期間内に不良債権処理の体制整備を含むリレーションシップバンキングの機能強化に向けた具体策を実施することを基本に据えることが適当。具体的には，2004年度までの2年間を地域金融に関する「集中改善期間」とした上で，中小企業の再生と地域経済の活性化を図るための各種の取組みを進めることによって，不良債権問題も解決していくことが適当

資料）金融庁ホームページ等より作成。

不良債権処理促進のためのガイドラインは、図表3-5に示してある。主要行[14]に対しては、①の「緊急経済対策」では、破綻懸念先以下に分類された債権について、原則として既存分（二〇〇〇年度上期以前発生分）は二営業年度以内（二〇〇三年三月期まで）、新規発生分（二〇〇〇年度下期以降発生分）はその後三営業年度以内に、それぞれオフ・バランス化につながる措置を講ずること（いわゆる「二年・三年ルール」）とされ、②の「より強固な金融システムの構築に向けた施策」では、破綻懸念先以下の債権に関し、「緊急経済対策」の枠組みの中で、原則一年以内に五割、二年以内にその大宗（八割目途）について、オフ・バランス化につながる措置を講ずること（いわゆる「五割・八割ルール」）とした。さらに③の「金融再生プログラム」において、二〇〇四年度には不良債権比率（金融再生法開示債権の対総与信比）を現状（二〇〇二年三月末、八・四％）の半分程度に低下させること（「不良債権比率の半減目標」）とした。

6——最終処理のための枠組みの整備と処理から再生へ

また、銀行が不良債権の最終処理を進めやすくするため、枠組みの整備が図られるとともに、借り手側である企業の再生を通じ、不良債権の新規発生を抑えるための各種の措置が講じられた。具体的には、債権売却・債権譲渡については、整理回収機構（ＲＣＣ）の機能が拡充され

（金融再生法第五三条に基づく資産買い取り業務の期間延長、企業再生業務の明確化、信託業務の開始）、法的整理については民事再生法の施行（二〇〇〇年一一月）、会社更正法の改正（二〇〇二年一二月）が図られた。さらに私的整理に関しては、「私的整理ガイドライン」の取りまとめが行なわれた（二〇〇一年九月）。こうした動きを通じてわかることは、不良債権処理に関しては最終処理の促進が緊急課題ではあるものの、それとあわせて早期事業再生や企業の再構築が重要であるとの認識が、次第に高まってきたことである。

そうした視点もあって、主要行に対しては「金融再生プログラム」で、不良債権比率を半減するという数値目標が掲げられたが、図表3-5に示した中小・地域金融機関（地銀、第二地銀、信金および信組）を対象とする「リレーションシップバンキングの機能強化に関するアクションプログラム」では、オフ・バランス化よりも中小・地域金融機関の不良債権の特性を踏まえた処理の推進、すなわち中小企業の再生と地域経済の活性化を図るための取り組みを進めることが要請された。

また、金融再生プログラムでは、企業再生を促進する枠組みとして、RCCへの不良債権売却の促進や、企業再生ファンドの活用、再生対象企業に対する政府系金融機関による支援を、早急に整備し、活用することが謳われた。RCC内における企業再生部門を強化するために、人員確保や、政策投資銀行等を活用した企業再生ファンドの拡充、企業再生のノウハウを有する商工中金等との連携強化について積極的に対応するよう明示された。

さらに金融と産業の一体的な再生を目指し、銀行等から再生可能と判断される企業の債権を買い取り、産業の再編も視野に入れた企業の再生を進めることを目的に、産業再生機構（IRCJ〈Industrial Rsvitalization Corporation of Japan〉）が設立され、二〇〇三年五月から業務を開始した。いずれにしても不良債権処理において清算型（抵当権の実行）から、再生型へと中味が変わってきたことがわかる。

7——再生手続きのプロセス

事業再生の対象となる企業は、バブル期に不動産投資を行ない、その後大幅に価値が下落したり、新規に進出したゴルフ場経営等の部門が不採算で、会社全体としては収益性が乏しく過剰債務を抱えているものの、他とは差別化されたシェアの高い優位な収益性のある事業部門を有しており、一定の金融支援等が得られれば再生が可能となるような先である[15]。

こうした企業の再生を行なうには、事業面および財務面でのリストラが必要となる。事業面のリストラは収益性を見極めたうえで、不採算部門を切り離し、収益力のあるコアの事業部門に経営資源を配分することである。財務面では金利減免、元利金の返済猶予（債務のリスケジュール）はもとより、債務免除の実施、DES（Debt Equity Swap：債務〈の一部〉を株式に転換すること）による債務の軽減化、さらにはＤＩＰ（Debtor In Possession：再建型法的整理手続の申立後再建計画認可前の債務者）ファイナンスによるニュー・マネーの供給等が行なわれる。

再生計画の手続きについては、前述のとおり制度面の整備が図られ、任意に合意が成立した者の間だけで行なわれる私的整理による場合と、法的整理による場合とに分けられる。再生手段として、私的整理と法的整理のどちらによるべきか、あるいは複数の手法をどのように組み合わせるかは、債務者の姿勢、債権者にとっての経済合理性（回収極大化）、経営責任の明確化等さまざまな点を総合して検討する必要がある。一般的には私的整理は、法的整理に比べ、「破綻」、「倒産」といった企業のイメージ悪化を招くことなく、時間と費用がかからず、柔軟性のある再生計画の策定が可能で、かつ回収極大化が見込める面がある（債権放棄額が少なくて済む）。ただ、原則として全債権者間の同意が必要であることや、また私的整理ガイドラインによらない場合は経営責任が必ずしも明確にされないきらいがある、といったデメリットが指摘されている。[16]

こうした企業再生は、現在のように制度面が整備される以前の一九九〇年代末頃までは、企業に対し絶対的な力をもっていたメイン・バンク主導で、明確なルールもないまま私的整理で処理されることが多かったが、その後メイン・バンクの体力が低下する一方、企業の資金調達行動も変化し、メイン・バンク制中心の事業再生メカニズムでは対応できなくなってきた。バブル崩壊後の企業の破綻、倒産の多発に対しては、外資系主導による買収ファンドや、事業再生ファンドといったファンド・ビジネスがリードするケースが多くみられた。

これらのファンドは、破綻企業の株式や債権を低価格で買い取り、リストラ策を含む事業改革を行ない、企業価値を高めたうえで高値で売却し、差益を獲得する。(17) その後、国内の独立系ファンドや、銀行、証券、商社等の出資するファンド、地域再生ファンド等の活動が活発化しており、これらのファンドは短期の売却益を狙うというよりも、もっと長期的な視点から企業再生に取り組んでいるように見うけられる。またこの間、第五章で述べるように整理回収機構（RCC）や、産業再生機構（IRCJ）が再生業務を手掛け、複雑で多数の債権者間の調整を行なったり、事業リストラの新しいビジネス・モデルを提示するなど、公的専門機関としての役割を発揮してきた。

8――不良債権処理の促進

こうした不良債権処理促進策をうけて、図表3-6に示されているように、主要行の不良債権比率半減目標は二〇〇四年九月期でほぼ達成され、二〇〇五年三月期には一段と低下するなど、バブル崩壊後一〇数年間にわたって余儀なくされてきた、不良債権処理という負の清算にようやくめどが立ってきている。決算発表の席上で経営トップの発言も、「ポスト不良債権時

図表３－６　不良債権残高等の推移

（主要行）

（単位；兆円，％，かっこ内は前期比改善度合い〈△〉）

	2002年3月末	9月末	2003年3月末	9月末	2004年3月末	9月末	2005年3月末
金融再生法開示債権残高	26.8	23.9 (△2.9)	20.2 (△3.7)	17.5 (△2.7)	13.6 (△6.4)	12.1 (△1.5)	7.4 (△4.7)
うち破綻懸念先以下債権残高	15.5	12.3 (△3.1)	8.7 (△3.6)	8.4 (△0.3)	6.7 (△1.7)	8.7 (2.0)	4.7 (△4.0)
不良債権比率（対総与信比）	8.4	8.1 (△0.3)	7.2 (△0.9)	6.5 (△0.7)	5.2 (△1.3)	4.7 (△0.5)	2.9 (△1.8)

（地域銀行〈地銀＋第二地銀〉）

（単位；兆円，％，かっこ内は前期比改善度合い〈△〉）

	2002年3月末	9月末	2003年3月末	9月末	2004年3月末	9月末	2005年3月末
金融再生法開示債権残高	14.8	15.0 (0.2)	14.7 (△0.3)	13.9 (△0.8)	12.8 (△1.1)	11.6 (△1.2)	10.4 (△1.2)
うち破綻懸念先以下債権残高	10.2	10.2 (0.0)	9.8 (△0.4)	9.4 (△0.4)	8.7 (△0.7)	8.0 (△0.7)	7.3 (△0.7)
不良債権比率（対総与信比）	8.0	8.2 (0.2)	7.8 (△0.4)	7.5 (△0.3)	6.9 (△0.6)	6.3 (△0.6)	5.5 (△0.8)

資料）金融庁ホームページより作成。

代」を展望して、将来のビジネス・プランを打ち上げるなど、不良債権処理という後始末から前向きの姿勢に転じつつあることがうかがわれる。

現に二〇〇四年一二月に金融庁が発表した新たな行政指針である「金融改革プログラム」においても、わが国の金融システムをめぐる局面は、「不良債権問題への緊急対応から脱却し、将来の望ましい金融システムを目指す未来志向の局面（フェーズ）に転換しつつある」と述べられ、「金融システムの安定」を重視した金融行政から、「金融システムの活力」を重視した金融行政へ転換すべきフェーズにあると指摘している。

また、金融システムの安定化を背景に、二〇〇五年四月一日以降ペイオフの全面解禁が実施されていることもあり、有事・危機モードから平時モードへの預金保険制度の移行が謳われ、日本銀行の金融システム面への対応も「危機管理重視から金融の高度化を支援する方向」への方針の切り替え（「ペイオフ全面解禁後の金融システム面への対応について」〈二〇〇五年三月一八日〉）が打ち出されている。

この間、地域銀行の不良債権比率は依然として五％台にあるため、地域銀行の不良債権問題は終わっておらず、金融システムのアキレス腱になりかねないとして、引き続き今後の大きな課題であるとの指摘も聞かれるが、低下傾向にあることも間違いない。地域銀行の不良債権処理は、主要行に比べはかばかしくないとされてきたが、二〇〇三年度決算では不良債権比率はかなりの低下を示し、不良債権問題が全体問題から、依然として不良債権比率の高い先の個別問題への様相を呈してきている[18]。また、二〇〇四年九月中間決算に関し、全国地方銀行協会の瀬谷会長は、「メガバンクは不良債権が半減した、今度は地域金融機関の番だという俗説は間違っている。我々も不良債権の圧縮は確実に進めている」（「日経金融新聞」二〇〇四年一一月一八日）と強調している[19]。

主要行に比べ地域銀行の不良債権処理のスピードがはかばかしくないことの理由は、前に述べたように主要行に対しては「金融再生プログラム」で、半減目標が課せられた一方、地域銀行は特に数値目標が明示されなかったことによる面が大きいが、その背景として次の事情を指摘することができる。すなわち、地域銀行は、①主要行に比べ不良債権を償却するための体力が不足していること、②地元中小企業や第三セクター向け融資等地縁人縁関係が強く、地元経済への影響や同業他社への波及に配意する必要があること（風評リスク〈レピュテーション・リスク〉が大）等から、思い切った引き当てや最終処理に踏み切れない点があげられる。[20] また、再生業務に関しても、地域銀行の場合、こうした事情に加え、依然として回収に軸を置いた旧来の金融慣行に依拠する傾向が強いうえ、ノウハウ、人材面で不足している面が否めない。[21]

（1） 小原由紀子氏は、公表不良債権額にノンバンク向け、不動産・建設向け、アジア向け、個人向けを含めた問題債権を一九九九年三月末で主要一七行で六七・七兆円と推計している（『銀行革命・勝ち残るのは誰か』講談社、二〇〇〇年、五〇〜五三頁）。また、西野智彦氏によると、大蔵省の銀行局が公表していた不良債権総額は、一九九七年九月末で二一兆七三〇〇億円であったが、銀行の自己査定による分類債権の合計額（II分類額＋III分類額＋IV分類額）は、七六兆七〇八〇億円だったとのことである（『検証　経済迷走』岩波書店、二〇〇一年、九〇〜九三頁）。
（2） ディスクロージャー制度については、全国銀行協会「よくわかる　銀行のディスクロージャー」「よくわかる　銀行のディスクロージャー［不良債権・連結決算・税効果会計・金融商品会計編］」（二〇〇三年二月発行）に詳細に記述されている。
（3） 堀内昭義『日本経済と金融危機』岩波書店、一九九九年、八三〜八八頁。渡辺孝『不良債権はなぜ消えない』日経BP社、二〇〇一年、第二章。柳川範之＋柳川研究室編著『不良債権って何だろ

う？』東洋経済新報社、二〇〇二年、八〜一二頁。

（4）柳川範之＋柳川研究室編著『不良債権って何だろう？』東洋経済新報社、二〇〇二年、第三章によくまとめられている。

（5）日本銀行「全国銀行の平成一〇年度決算」『日本銀行調査月報』一九九九年八月号、同「全国銀行の平成一一年度決算」『日本銀行調査月報』二〇〇〇年八月号参照。

（6）当時の日本銀行速水総裁は「金融システムをさらに強くしていくうえで一番大事なことは、不良債権をバランスシートから落とすことなのです。引当金だけを積んでおいて、バランスシートから落とさないでじっと持っているというのはよくない。バランスシートから落とすことを考えるべきです」（『文藝春秋』二〇〇一年一月号）と述べているうえ、柳沢金融担当相も「不良債権の残高が減らないことが、金融安定化が図れない大きな原因だと言われる。（引き当てなどの措置をしているので）残高が減らないから健全性に問題があるということにはならないが、不良債権の売却や償却を思い切ってやらないと収益力が上がらない。テンポが遅すぎる」（「毎日新聞」二〇〇一年二月六日）と指摘している。

（7）内閣府編『平成一三年版経済財政白書』第二章参照。

（8）二〇〇一年当時、民間調査機関では、政府の「緊急経済対策」にしたがって主要行が不良債権を十数兆円最終処理した場合、一〇〇万人を超える失業者が発生するおそれがあると試算した。これに対し、竹中平蔵経済財政担当相は一兆円のオフ・バランス化で、数千人から一万人というのが常識的な数字で、最終処理に伴い十数万人の失業者が発生する可能性があると説明している（「日本経済新聞」二〇〇一年五月二三日等）。その後、内閣府政策統括官「不良債権処理とその倒産・雇用への影響」『景気判断・政策分析ディスカッション・ペーパー』（二〇〇三年七月九日）は、二〇〇一年度から二〇〇二年度にかけて主要行のオフ・バランス化額は約二倍となったが、清算型処理に比べ再建型処理の比率が高まったこと等から、実際の倒産企業負債額は減少し、非自発的失業者数も年度末比で微減となっていると分析している。

(9) 整理回収機構編『RCCにおける企業再生』金融財政事情研究会、二〇〇三年、一七頁。

(10) 整理回収機構は、「もともと事業が再生可能な場合に、当該事業を存続再生させ、その事業の譲渡収入又は事業収益の中から弁済を受け債権の極大回収を図る企業再生型回収は、債権者にとって債権を回収するための重要な一手法である」と述べている(『RCCにおける企業再生』金融財政事情研究会、二〇〇三年、一頁)。

(11) 当時、企業を法的整理に追い込みデフレを加速する清算型の最終処理(「悪い直接償却」)ではなく、過剰債務の圧縮などを通じた企業再生を促進する最終処理(「よい直接償却」)を志向すべきだと言われた。

(12) 柳川範之+柳川研究室編著『不良債権って何だろう?』東洋経済新報社、二〇〇二年、三〇〜三二頁、同編著『事業再生って何だろう?』東洋経済新報社、二〇〇五年、二〇〇〜二〇五頁。

(13) 「日経ビジネス」(二〇〇五年四月二五日・五月二日号)によると、産業再生機構が支援を決めた四一社で維持した雇用者の総額は七万六四七四人で、処理した不良債権の金額は三兆二八七七億円と、二〇〇三年三月末の全国銀行の不良債権残高(金融再生法開示債権)三五兆三〇〇〇億円の一割に相当するとのことである。

(14) 二〇〇一年三月期決算の金融庁資料によると、主要行は第一勧業、富士、興銀、安田信託、東京三菱、三菱信託、日本信託、三和、東海、東洋信託、さくら、住友、あさひ、大和、中央信託、住友信託の都銀、長信銀、信託銀の一六行である。

(15) 事業再生手続きの流れについては、日本銀行信用機構局「わが国における事業再生ファンドの最近の動向」『日本銀行調査季報』二〇〇五年春〈四月〉号参照。

(16) 整理回収機構編『RCCにおける企業再生』金融財政事情研究会、二〇〇三年、三八〜四二頁、柳川範之+柳川研究室編著『事業再生って何だろう?』東洋経済新報社、二〇〇五年、八九〜九一頁。

(17) 和田勉氏は、買収ファンドが投資先企業を利益率の高い企業に作り直すことに力を注ぎ、企業の価値を買った時より上げて売るのに対し、「ハゲタカ・ファンド」は経営不振の企業を安く買って、それより高く売る、または安く買った企業を再建せずに、清算してもうけを出す点に違いがあると説明している(『買収ファンド』光文社、二〇〇二年)。

(18) 日本銀行「二〇〇三年度決算からみた銀行経営の動向」『日本銀行調査月報』二〇〇四年八月号参照。

(19) 渡辺孝氏は、大手行の不良債権問題が依然大きな不安材料を内包しているうえ、地域金融機関の場合は不良債権比率の改善がはかばかしくなく、資産査定厳格化が手付かずの状況であり、金融システムは未だ不安定であると指摘している(「金融再生プログラムは途半ば」『エコノミスト』二〇〇五年三月八日号)。

(20) 現に不良債権買い取りの現場からみると、銀行が不良債権の売却を実施できない理由は、①引当不足(償却負担の増大)、②債務者が行方不明等により売却時までに根抵当権の確定ができないこと、③債務者の了解を事前に得られないこと(必ずしも必要ではない)等が挙げられる。

(21) 玉井豊文氏は、こうした点に加えそもそも中小企業の場合(それを融資先とする地域銀行に関し)、千差万別ではあるものの、概してさしたる事業基盤がなく、組織的には個人商店の域を出ない先が多く、これを大企業と同じ手法と時間軸で再生を論じることに無理があるのではないかと指摘している(「中小企業再生が進まないもうひとつの理由」『事業再生と債権管理』第一九巻一号、二〇〇五年四月五日号)。

第四章　不良債権処理の仕組みと不良債権売買市場

不良債権の認定に当たっては、銀行は自己査定によって、債務者をその財務状況に応じて区分し、自らが所有する資産を回収可能性に応じて分類区分する。その結果に基づいて、適正な償却・引当を行なうことが求められている。適正な償却・引当が行なわれていれば、不良債権が発生し、その処理を余儀なくされることがあっても、大きな追加負担は発生しないが、実際は必ずしも的確な分類、十分な引当が行なわれておらず、体力の毀損につながるケースが多く、処理が先送りされることも多い。銀行はこの一〇年間余で一〇〇兆円近い不良債権処分損を計上してきており、貸倒引当金の計上をはじめ、直接償却の実施、共同債権買取機構・バルク・セールによる外資系ファンド・整理回収機構への売却等が主な処理手段であった。この間、制度面の整備が進み、処理の方法は多様化してきている。また、売買に際して、債権の評価を行なうデュー・ディリジェンスの手法も確立してきた。不良債権の売買が活発化するにしたがって、不良債権売買（流通）市場の規模が拡大してきたが、統計面の整備が十分でなかったこともあり、これまでの債権売買の規模、取引価格といった全体像は必ずしも明確ではない。

1——自己査定と償却・引当の実施

一九九八年四月以降、早期是正措置が導入されたことに伴い、銀行は自己査定を行ない、その結果に基づいて、適正な償却・引当を行なうことが求められるようになった。不良債権かどうかは、銀行が自己査定を行ない、貸出先の資産の価値をチェックすることによって判断される（その後、金融庁検査等によって検証される）(1)。

自己査定がどのように行なわれるかについては、図表4-1に示されているように、まず債務者の財務・経営状況に応じて、「破綻先・実質破綻先」（法的・形式的な経営破綻の事実が発生している先、およびそれと同等の状況にある先）、「破綻懸念先」（現状では経営破綻の状況にはないが、経営改善計画等の進捗状況が芳しくなく、今後経営破綻に陥るおそれが大きい先）、「要注意先、その一部が要管理先」（今後の管理に注意を要する先）、そして「正常先」に債務者を区分する。

次に区分された債務者ごとに担保・保証などで保全されているかどうか、どのくらい回収できるかによって、すなわち回収の可能性を評価して、全額回収できるならば非分類（I分類）、あとは回収可能性のリスクに応じて、低い方からII分類、III分類、IV分類に分ける。その後債

図表4－1　自己査定の債務者区分と資産の分類

債務者区分＼分類	非分類	II分類	III分類	IV分類
破綻先・実質破綻先 法的・形式的な経営破綻の事実が発生している先および実質的にそれと同等の状況にある先	預金担保などの優良担保・保証などで保全された部分	不動産担保などの一般担保・保証などで保全された部分	担保の評価額と処分可能見込額との差額	非・II・III分類以外の部分
破綻懸念先 今後経営破綻に陥る可能性が大きい先	預金担保などの優良担保・保証などで保全された部分	不動産担保などの一般担保・保証などで保全された部分	非・II分類以外の部分	
要注意先（**要管理先**／**要管理先以外**） 今後の管理に注意を要する先	預金担保などの優良担保・保証などで保全された部分	非分類以外の部分		
正常先 業績良好かつ財務内容も特段問題のない先	正常先に対する債権（全額）			

出所）全国銀行協会「よくわかる銀行のディスクロージャー」。

務者区分に応じて、回収不能となった場合に備えて貸倒引当金を計上するか、直接償却の措置を講ずる。

　銀行は金融庁の金融検査マニュアル、日本公認会計士協会の実務指針等にのっとって自己査定マニュアルを策定し、それにしたがって自己査定を行ない、その結果に基づき償却・引当に関する行内ルールにより償却・引当を行なっている。債務者区分、資産の分類による不良債権の処理基準は、図表4－2のとおりである。破綻先・実質破綻先に対する債権のうち、担保・保証等で保全されていない部分

図表4－2　債務者区分×資産の分類による不良債権の処理基準

<table>
<tr><th colspan="2">分類
債務者区分に対する債権</th><th>非分類</th><th>II分類</th><th>III分類</th><th>IV分類</th></tr>
<tr><td colspan="2">破綻先・実質破綻先に対する債権</td><td colspan="2" rowspan="2">担保・保証などで保全されている。</td><td colspan="2">個別債務者ごとに債権額全額を予想損失額とし，予想損失額に相当する額を個別貸倒引当金として計上するか，直接償却する。</td></tr>
<tr><td colspan="2">破綻懸念先に対する債権</td><td>過去の貸倒実績率などに基づき，個別債務者ごとに今後3年間の予想損失額を見積り，その額に相当する金額を個別貸倒引当金として計上する。</td><td></td></tr>
<tr><td rowspan="2">要注意先に対する債権</td><td>要管理先に対する債権</td><td colspan="2">過去の貸倒実績率などに基づき，平均残存期間又は今後3年間の予想損失額を見積り，その額に相当する金額を一般貸倒引当金として計上する。</td><td></td><td></td></tr>
<tr><td>要管理先以外に対する債権</td><td colspan="2">過去の貸倒実績率などに基づき，平均残存期間又は今後1年間の予想損失額を見積り，その額に相当する金額を一般貸倒引当金として計上する。</td><td></td><td></td></tr>
<tr><td colspan="2">正常先に対する債権</td><td>過去の貸倒実績率などに基づき，今後1年間の予想損失額を見積り，その額に相当する金額を一般貸倒引当金として計上する。</td><td></td><td></td><td></td></tr>
</table>

出所）全国銀行協会「よくわかる銀行のディスクロージャー」。

は、Ⅲ分類ないしⅣ分類に区分され、全額個別貸倒引当金として計上するか、直接償却する。破綻懸念先に対する債権のうち、担保・保証等で保全されていない部分は、Ⅲ分類となり、過去の貸倒実績率などに基づき、個別債務者ごとに今後の予想損失額を見積り、その額に相当する金額を個別貸倒引当金として計上する。要注意先に対する債権や正常先債権は、過去の貸倒実績率などに基づき、今後の予想損失額を見積り、その額に相当する金額を一般貸倒引当金として計上する。

さらに二〇〇二年一〇月に公表された金融再生プログラムにおいて、主要行に対し資産査定厳格化の手段のひとつとして、要管理先の大口債務者については、DCF（Discounted Cash Flow：将来のキャッシュ・フローの割引現在価値）方式を基礎とした、具体的な手法の適用を検討するよう掲げられている。これは貸倒実績率という過去の基準ではなく、将来の回収可能額の推測を基に、貸倒引当金を決めることになる。その結果、主要行では要管理先・破綻懸念先債権について、与信額が一定額以上の大口債務者のうち、債権の元本の回収および利息の受け取りにかかるキャッシュ・フローを合理的に見積ることができる債権については、DCF法による引当（当該キャッシュ・フローの現在価値と、帳簿価額の差額について貸倒引当金を計上）を実施している（個別銀行の具体例は図表4-3のとおりである）。

図表4－3　引当金算定におけるDCF的手法

DCF的手法の考え方について
DCF的手法とは，債権から将来得られるキャッシュ・フローの現在価値を求め，元本残高との差額を引当金として計上する手法です。その適用にあたっては，①再建計画の充分な検証，②キャッシュ・フローの厳正な見積り，③将来不確実性の反映がポイントとなります。
以下，A社を例に，UFJグループでの算定方法についてご説明します。

A社に対する現在の貸出残高を1,500億円，年間元本返済額を100億円，貸出金利を1％，当初約定金利を年5％とします。

(1)　再建計画，業績見通しなどから，将来の返済キャッシュ・フローと5年後の残債を予測します。
業況悪化などにより将来キャッシュ・フローが減少するリスクはこの段階で勘案します。

(2)　(1)で算出した将来キャッシュ・フローおよび残債に対し，貸倒実績率のリスクを控除します。
（貸倒実績率は累積のものを使用し，正常化見込みの時期に応じて変動します）

(3)　将来キャッシュ・フローを当初約定利子率で割り引くことにより「現在価値」を求めます。

(4)　「現在の貸出元本」と「(3)で算出した現在価値の合計」の差額を，引当金として計上します。

（単位：億円）

	1年め	2年め	3年め	4年め	5年め	残債
元本返済(a)	100	100	100	100	100	1,000
利払い(b)	15	14	13	12	11	－
不確実性の反映*（C)	95%	90%	85%	80%	75%	60%
反映後のキャッシュ・フロー (d)＝{(a)＋(b)}×(c)	109.25	102.60	96.05	89.60	83.25	600.00
割引率(当初約定金利)（e)	1.05	$(1.05)^2$	$(1.05)^3$	$(1.05)^4$	$(1.05)^5$	$(1.05)^5$
現在価値(d)/(e)	104.05	93.06	82.97	73.71	65.23	470.12

現在価値合計（返済分＋残債）(f)	889.14
所要引当金　(g)＝元本－(f)	610.86
引当率　((g)/元本×100)	40.72%

＊不確実性の反映のために使用している累積貸倒率は，説明のための仮定のものです。

出所）UFJ「UFJグループディスクロージャー誌2003」18頁。

2――償却・引当の状況と不良債権処理にかかる体力の問題

金融再生法開示債権の保全状況、すなわちいざという時に備えてどの程度の引当金が積まれているかを、ディスクロージャー誌より抜粋集計した主要行の状況について、図表4-4に示してあるが、図の上の部分の「破産更生債権およびこれらに準ずる債権」(自己査定ではかっこ内に書いてあるように破綻先・実質破綻先に対する債権)の場合、担保・保証等で九二・九%がカバーされている。そして残りの七・一%の全額について、貸倒引当金が積まれている(直接償却額はカウントしない)。図の下の部分の「破産更生債権およびこれらに準ずる債権」の欄をみるとわかるが、担保・保証等でカバーされていない部分については、全額貸倒引当金が積まれている。したがって、この取引先が破綻した場合でも、引当金が一〇〇%積まれているため、(評価額が適正である限り)銀行に新たな損失の負担は発生しないことになる。

次の「危険債権」(自己査定では破綻懸念先に対する債権)の場合は、図の上の部分と下の部分をあわせてみると、担保・保証等でカバーされている部分は四七・〇%で、残り五三・〇%のうちの四四・三%(五三・〇%に対する比率では八三・五%、約八割)について貸倒引当金が積まれ、残りが裸、すなわち信用貸(返済金等のキャッシュ・フローは想定しない)ということにな

図表4－4　主要行＊の金融再生法開示債権の保全状況（2004年3月期）

＊ディスクロージャー誌に掲載されているみずほFG、三井住友銀行、りそなHD、三井TH、住友信託銀行分を集計（一部信託勘定を含む）

	担保・保証等（A）	貸倒引当金（B）	計（A＋B）	担保・保証等で保全されていない債権に対する貸倒引当金の引当率（B/（100－A））
破産更生債権およびこれらに準ずる債権（破綻先・実質破綻先に対する債権）	92.9%	7.1%	100.0%	100.0%
危険債権（破綻懸念先に対する債権）	47.0%	44.3%	91.3%	83.5%
要管理債権	42.2%	24.1%	66.3%	41.7%

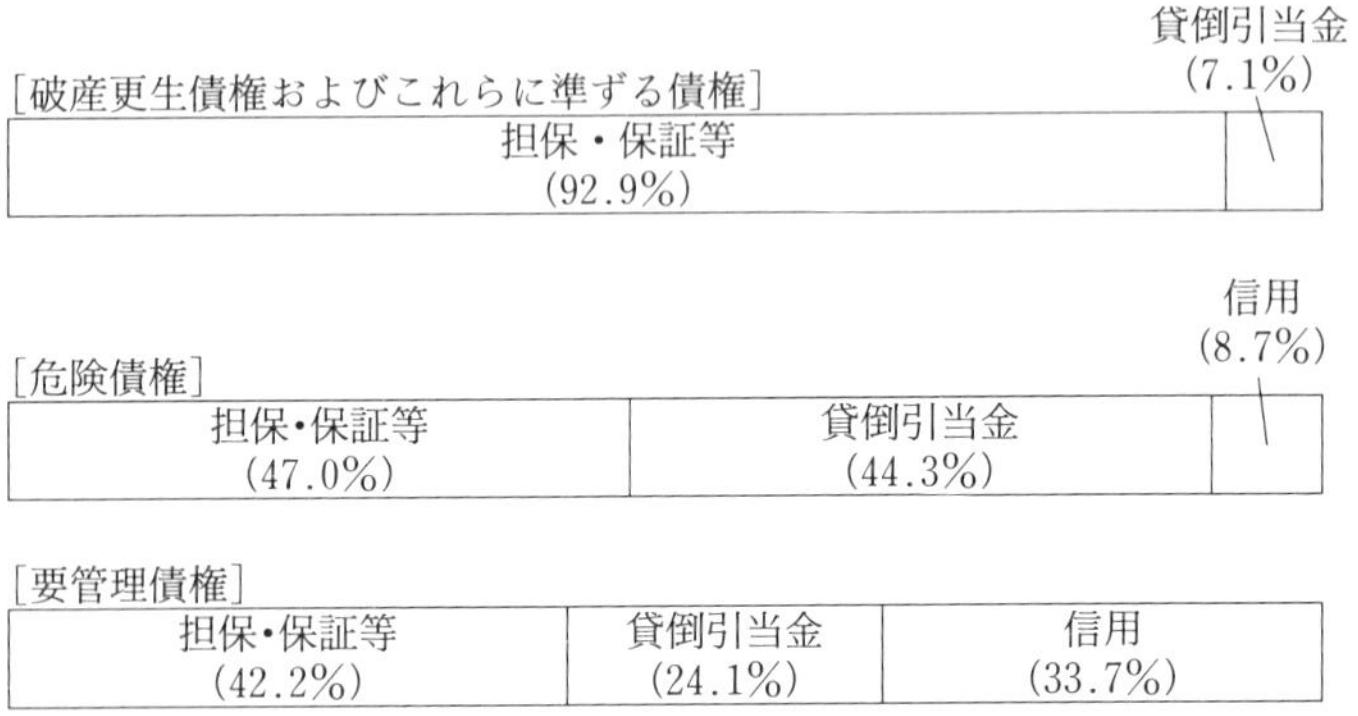

資料）各銀行のディスクロージャー誌より抜粋集計。

っている。そもそも危険債権であるため、上の破産更生債権およびこれらに準ずる債権よりも破綻する確率は低いと思われるが、もしこの取引先が破綻した場合、銀行は信用分（一〇〇－（四七・〇＋四四・三）＝八・七％）について、追加の損失が発生することになる。一番下の「要管理債権」の場合は、担保・保証等でカバーされている部分が四二・二％で、残りのうち貸倒引当金の積まれているのは二四・一％（残りの部分の約四割）で、そのほか（一〇〇－（四二・二＋二四・一）＝三三・七％）は信用貸となっている。

こうした債権を最終処理する場合にどうなるかであるが、正しく自己査定が行なわれ、きちんと貸倒引当金が積まれていれば、銀行に新たな負担、損失が発生することはなく、何の問題も生じない。ただ、図表4-5に示すように自己査定が甘く、適切な債務者区分が行なわれていなかったり（債務者区分を破綻懸念先とするか要管理先とするかの判断は議論の多いところ）、担保評価額等を過大に見積っていたりする（第三者によるきちんとした不動産鑑定が行なわれていなかったり、担保掛け目が甘かったり、長期間評価替えしていない場合等）と、引当率は必要水準より低めとなる。

また、引当をすることはそれだけ原資が必要となるが、引当を積むことによって赤字決算となるとか、その結果自己資本比率が低下するため、それを避けたいということで引当率を低めとすることも考えられる。さらに、例えば取引先が破綻していざ担保を処分しようとした時、銀行の評価どおりに売れるとは限らない。取引先の破綻は突発的なので仕方がないが、外部へ

図表４－５　不良債権処理と損失の発生，その対応
（図表４－４の保全状況を前提）

（損失の発生）

発生の原因	発生の過程
1．自己査定が甘く適切な債務者区分が行われていなかった場合	①債務者区分が「要管理債権」から「危険債権」へ変更されると仮定 ②貸倒引当金の積み増し（24.1→48.3） →［損失の発生（＋24.2）］
2．担保評価等を過大に見積っていた場合	（債務者区分が破産更生債権およびこれらに準ずる債権の場合） ①担保評価等の引下げ（92.9に対し80.0へ評価見直し） ②貸倒引当金の積み増し（7.1→20.0） →［損失の発生（＋12.9）］
3．銀行の評価どおりに売れなかった場合	（債務者区分が破産更生債権およびこれらに準ずる債権の場合） ①売却価格が評価額を下回る（92.9に対し50.0で売却） ②売却損の発生（92.9－50.0＝42.9） →［損失の発生（＋42.9）］

（損失の発生への対応）

［損失の発生］	→赤字決算→自己資本比率低下
	→最終処理の先送り
⇨不良債権処理は体力勝負	

この債権を売却しようとする場合、かなり安い価格でしか売れず、銀行評価額の半分程度で売れればよい方と言われ、そうなると債権売却損が発生することから、それに耐えられず最終処分を先送りせざるを得ないといったケースも出てくる。

以上の状況を図表４－５によってやや具体的にみると、まず第一に自己査定が甘く適切な債務者区分が行なわれていなかった場合は、保全状況は図表４－４を前提として

いるが、債務者区分が「要管理債権」から「危険債権」へ変更されるケースを想定する。「要管理債権」の場合、貸倒引当金は担保・保証等でカバーされていない部分（一〇〇－四二・二＝五七・八％）の約四割相当の二四・一％であったが、これがそのまま「危険債権」とされると、貸倒引当金の引当率は担保・保証等でカバーされていない部分の八三・五％で、貸倒引当金は四八・三％とする必要があり、四八・三－二四・一＝二四・二％の積み増し（「債権償却特別勘定」への繰り入れ）が求められる。

第二に担保評価等を過大に見積もっていた場合は、債務者区分が破産更正債権およびこれらに準ずる債権のケースでは、担保評価等を九二・九％から八〇・〇％へ評価見直しされたとする。そうなると、貸倒引当金は担保・保証等でカバーされていない部分の全額（一〇〇－八〇・〇＝二〇・〇％）について積む必要があり、二〇・〇－七・一＝一二・九％の積み増しが求められる。

また、第三に銀行の評価通りに売れなかった場合は、これも債務者区分が破産更正債権およびこれらに準ずる債権のケースでは、実際の売却価格を五〇・〇％とすると、九二・九－五〇・〇＝四二・九％の売却損失が発生することになる。

この間、二〇〇三年二月に土壌汚染対策法が施行されたことに伴い、それまで担保不動産について土壌汚染リスクを考慮することは少なかったとみられるが、担保不動産が汚染されている時には、通常の評価額から浄化費用等を差し引いて評価せざるを得ないこととなった(2)。その結果、担保不動産の評価額が目減りする場合、さらなる引当や売却損が生じることになる。

したがって、一口に不良債権を処理するといっても、ある程度体力がないと難しいことは間違いなく、そのために公的資金の注入等が議論されてきたと言える。[3] 実際バルク・セールの始まった当初の一九九七年頃から二〇〇〇〜二〇〇二年頃にかけては、①銀行の担保評価が甘めであったこと、②不良債権売買が完全に買い手市場であったこと、③不動産価格が低迷を続けていたこと等から、不良債権売買価格は、後述のように債権元本額の一割以下だったとみられ、銀行の売却に伴って発生する負担は相当に大きかったことは間違いない。

その後、①銀行の評価が厳しめになってきたこと、[4] ②不良債権売買市場が売り手優位に転じていること、③不動産価格が一部で反転、上昇をみていること等から、不良債権売買価格は上昇してきており、不良債権売却額の減少や引当金の積み増しが図られてきたことも相まって、銀行の償却負担はかなり減少してきていると言える。[5]

3——不良債権処理の実態

銀行がどのようなかたちで不良債権を処理してきたのかをみたのが、図表4-6である。この約一〇年間、一九九二年度から二〇〇四年度までの間の不良債権処分損の累計額、表の下か

図表4－6　不良債権処分損の推移（全国銀行）

（単位：億円）

	1992年度	1993年度	1994年度	1995年度	1996年度	1997年度	1998年度	1999年度	2000年度	2001年度	2002年度	2003年度	2004年度
不良債権処分損	16,398	38,722	52,322	133,692 (110,669)	77,634 (62,099)	132,583 (108,188)	136,309 (104,403)	69,441 (53,975)	61,076 (42,898)	97,221 (77,212)	66,584 (51,048)	53,742 (34,607)	28,475 (19,621)
貸倒引当金繰入額	9,449	11,461	14,021	70,873 (55,758)	34,473 (25,342)	84,025 (65,522)	81,181 (54,901)	25,313 (13,388)	27,319 (13,706)	51,959 (38,062)	31,011 (20,418)	16,157 (4,202)	940 (▲4,262)
直接償却等	4,235	20,900	28,085	59,802 (54,901)	43,158 (36,756)	39,927 (35,005)	47,093 (42,677)	38,646 (36,094)	30,717 (26,500)	39,745 (34,136)	35,201 (30,376)	37,335 (30,472)	27,536 (23,862)
貸出金償却	2,044	2,354	7,060	17,213 (15,676)	9,730 (8,495)	8,506 (7,912)	23,772 (22,549)	18,807 (17,335)	25,202 (22,014)	32,042 (27,183)	21,627 (17,737)	25,166 (19,852)	17,114 (14,743)
共同債権買取機構への売却損	2,191	18,546	21,025	25,261 (21,316)	11,330 (9,710)	10,434 (9,206)	3,590 (3,385)	2,783 (2,718)	1,630 (1,560)	1,383 (1,280)	……	……	……
バルクセールによる売却損等	0	0	0	17,328 (17,909)	22,098 (18,551)	20,987 (17,887)	19,731 (16,743)	17,056 (16,041)	3,886 (2,926)	6,320 (5,673)	13,574 (12,640)	12,169 (10,621)	10,422 (9,119)
その他	2,714	6,361	10,216	3,017 (10)	3 (1)	8,631 (7,661)	8,035 (6,825)	5,482 (4,493)	3,040 (2,691)	5,517 (5,013)	372 (253)	250 (▲68)	▲1 (21)
1992年度以降の累計	16,398	55,120	107,442	241,134 (218,111)	318,768 (280,210)	451,351 (388,398)	587,660 (492,801)	657,101 (546,776)	718,177 (589,674)	815,398 (666,886)	881,982 (717,934)	935,724 (752,541)	964,199 (772,162)
直接償却等の累計	4,235	25,135	53,220	113,022 (108,121)	156,180 (144,877)	196,107 (179,882)	243,200 (222,559)	281,846 (258,653)	312,563 (285,153)	352,308 (319,289)	387,509 (349,665)	424,844 (380,137)	452,380 (403,999)
リスク管理債権残高	127,746	135,759	125,462	285,043 (218,682)	217,890 (164,406)	297,580 (219,780)	296,270 (202,500)	303,660 (197,720)	325,150 (192,810)	420,280 (276,260)	348,490 (204,330)	262,040 (135,670)	175,390 (72,900)
貸倒引当金残高	36,983	45,468	55,364	132,930 (103,450)	123,340 (93,880)	178,150 (136,010)	147,970 (92,580)	122,300 (76,780)	115,550 (69,390)	133,530 (86,570)	125,850 (78,970)	114,300 (69,030)	85,350 (47,390)

注1）1994年度以前の計数は，都銀・長信銀・信託を集計。
2）1995年度以降の計数は，都銀・長信銀等・信託（2004年度は2004年4月に普通銀行へ転換した新生銀行の計数を含む）および地域銀行（2002年度以降埼玉りそな銀行を含む）を集計。なお，（　）内は，都銀・長信銀等・信託のみの計数。
3）1997年度以降の計数は，北海道拓殖，徳陽シティ，京都共栄，なにわ，福徳，みどりの各行を含まず，1998年度以降の計数には，国民，幸福，東京相和の各行を含まない。また，1999年度以降の計数には，なみはや銀行および新潟中央銀行を含まず，2001年度以降の計数には，石川銀行および中部銀行を含まない。なお，1998年度の計数には日本長期信用銀行（現新生銀行）および日本債券信用銀行（現あおぞら銀行）を含まず，1999年度の計数には日本債券信用銀行（現あおぞら銀行）を含まない。
4）2003年度以降の計数は，みずほグループ各行，UFJ銀行，西日本銀行，福岡シティ銀行(2004年度においては，西日本銀行，福岡シティ銀行は合併し西日本シティ銀行)の再生専門子会社分を含み，2004年度は北陸銀行の再生専門子会社分を含む。ただし，リスク管理債権残高の計数については，2002年度以降UFJ銀行の再生専門子会社分を含み，2003年度中間期以降みずほグループ各行の再生専門子会社分を含む。
5）不良債権処分損については，2001年度は東海銀行（2002年1月合併）を含み，2002年度はあさひ銀行（2003年3月再編）を含む。
6）貸倒引当金は，個別貸倒引当金の他，一般貸倒引当金等を含む。
7）バルクセールによる売却損等は，バルクセールによる売却損のほか，子会社等に対する支援損や整理回収機構（RCC）への売却損等を含む。
8）不良債権処分損の「その他」は，特定債務者支援引当金（子会社等へ支援を予定している場合における当該支援損への引当金への繰入額）等を表す。
9）リスク管理債権の金額については，1994年度以前は破綻先債権，延滞債権の合計額，1995年度～1996年度は破綻先債権，延滞債権，金利減免等債権の合計額としている。

出所）金融庁ホームページ。

ら四行目「一九九二年度以降の累計」の一番右側二〇〇四年度の欄をみると、九六兆四一九九億円となっている。(6)

各年度の不良債権処理額(処分損)は、制度的枠組みと密接に関連しており、その推移について『日本銀行調査月報』(一九九九年八月号「全国銀行の平成一〇年度決算」)では、次のとおり説明している。一九九二年度までは無税処理が不良債権処理の中心であったが、一九九三年度以降は一九九四年六月の大蔵省銀行局長通達の発出により、不良債権の有税処理が進み、処理額が増加した。一九九五年度は住専向け処理の枠組みが整い、各銀行が処理を行なったことから、不良債権処理額は第一のピークを迎え、一九九七年度は自己査定結果に基づく償却・引当制度の導入から、不良債権処理額は第二のピークを迎え、一九九八年度は金融検査マニュアルの作成による自己査定の精度向上や、償却・引当額算出の明確化から引当率が大幅に上昇し、不良債権処理額は既往のピークを更新した。

このうち上から二行目の「貸倒引当金繰入額」、すなわち間接償却が一九九二年度から二〇〇四年度までを合計すると、四五兆八一八二億円となり、全体の約半分を占めている。その下の「直接償却等」は一九九七年度までは「共同債権買取機構への売却損」のウエイトが高い(本項目は二〇〇一年度末まで公表)。共同債権買取機構(CCPC〈Cooperative Credit Purchasing Company, Limited〉)は一九九三年一月、銀行や生損保などの出資で設立された機関で、金融機関の抱える不動産担保付債権を買い取り、譲渡の際の売却損を無税で償却できる仕組みを作ったものである。不良債権を売却した場合、大体は損が出て、それを損失として処理する手続きが償却であるが、これが無税か有税かで銀行の負担は大きく変わってくる。CCPCは一九九八年三月まで営業し、その後一時延長されたものの（二〇〇一年三月まで）、その間いろいろな無税償却の仕組みが作られ、CCPC買い取りに代わっていった。

売却の代表的な手段である「バルク・セール」（金融機関の有する複数の債権を束にまとめて一括売却する）は、米国の整理信託公社（RTC）が貯蓄貸付組合（S&L）の担保不動産を売却する際に導入した方法で、これが日本で最初に行なわれたのは一九九七年からと言われ、その後不良債権処理の中心的手段となってきた。また上から四行目の「貸出金償却」をみると、一九九八年度以降は担保処分等による回収に加えて、関連ノンバンク、ゼネコン等向けの債権放棄や、企業再生への取り組み等を映じてウエイトが増大しているのがわかる。

CCPCによる買い取りは、①持ち込み金融機関がバック・ファイナンスを行なうこと、②債権回収業務は持ち込み金融機関に事務委任されること、③担保不動産の値下がり等があった場合は、持ち込み金融機関が負担すること等の点があり、必ずしも使い勝手のよいスキームではなかった。何かと批判もあったが、SPC法がなく、バルク・セールの手法も確立されておらず、また税制面での機動性が欠けていた時期に、無税償却による不良債権売却の道を開いた意味は大きく、債権売却の当初の有効な手段であったことは間違いない(7)。

その後、債権流動化を促進するための法制度の整備が進められた。具体的には、一九九八年六月の「特定目的会社による特定資産の流動化に関する法律」と、その整備法（両者をあわせて通称ＳＰＣ〈Special Purpose Company〉法）が成立し[8]、資産流動化の仕組みが整備されたほか、同年一〇月に「債権管理回収業に関する特別措置法」（サービサー法）が成立し、サービサー制度が創設された。また、金融機関がＲＣＣや民間サービサーに債権を譲渡する場合、取引終了通知をもって根抵当権が確定することを定めた「金融機関等が有する根抵当権により担保される債権の譲渡の円滑化のための臨時措置に関する法律」や、競売手続円滑化法（「競売手続の円滑化を図るための関係法律の整備に関する法律」）、および特定競売手続臨時措置法（「特定競売手続における現況調査及び評価等の特例に関する臨時措置法」）も同じく一〇月に成立した。

こうした状況を背景に、外資系の金融機関や投資ファンドによる買い取り、金融再生法第五三条に基づく預金保険機構・整理回収機構（ＲＣＣ）の一般金融機関からの買い取り、サービサーによる買い取りのウエイトが高まってきた。売買の形態は売り切り、買い切り制で、入札によるバルク・セールが中心になってきた。日本でのバルク・セールは、前述のように一九九七年の東京三菱銀行とカーギルの取引をもって嚆矢とするが[9]、米国でバルク・セールを経験したインベストメント・バンク、投資ファンド等が相次いで進出してきたこともあり、短期間のうちにマーケットが形成されたと言われている。当初、不良債権売買市場での買い手は外資系の金融機関やファンドが中心であったが、その後日本国内のファンドやサービサーの参入が増えてきている。

4――デュー・ディリジェンス

不良債権の売買に当たっては、当該債権に瑕疵があるかどうかの調査、不動産等の担保評価あるいは企業価値等の評価を行なうことが必要で、こうした作業はデュー・ディリジェンス(Due Diligence)と呼ばれる。デュー・ディリジェンスとは、Dueは「適正な、公正な」という意味であり、Diligenceは「注意を払って遂行する」ということで、「適正で万全の注意を払って遂行される審査」を意味するDue Diligence Reviewがつづまったものである。(10) 一九九八年に策定された「土地・債権流動化トータルプラン」では、「担保不動産の売却、不良債権の一括売却、証券化等のための、収益還元法の活用等による債権ならびに不動産の適正評価手法」と説明されている。

不良債権の売買はバルク・セールによる入札の取引など、短期間のうちに大量の案件の取引が行なわれるため、売買される債権の評価を迅速かつ正確に見極める必要があり、デュー・ディリジェンス(以下「デュー・ディリ」と略す)は極めて重要な作業となる。バルク・セールの場合など、一本一本の債権をすべて詳細に評価することは困難で、価値が大きいとみられる特定の債権の何本かについて、評価作業が行なわれるのが一般的である。デュー・ディリは、不動産鑑定士、司法書士、弁護士、公認会計士等により総合的に行なわれ（これらを取りまとめて監査法人が一括して行なうケースも多い）、売り手（セラーズ・デュー・ディリ）、買い手（バイヤーズ・デュー・ディリ）双方で実施する。

もともとこうした不良債権の売買取引、それに伴うデュー・ディリは米国ではじめられたものだけに、まず売り手、買い手とも取引および作業の前提として、非常に厳しい守秘義務契約が課せられており、売買取引を前提とした作業が行なわれていることは、債務者を含む第三者に対し一切知られてはならないことになっている。したがって、事前に債務者と接触することは禁じられており、担保不動産への立入調査等もできないことから、外観調査を行なうことはできても、例えば土壌汚染等の瑕疵を確定することはなかなか難しい[11]のが実情である。また、債権売買契約書において、売り手側が買い手側に提供したデュー・ディリ資料（デュー・ディリ・パッケージ）には、その提供した時点において、売り手側が知り得る限りのすべての情報が含まれており、それらは真実かつ正確である旨の「確約と保証」が行なわれているのが特徴である。

不動産または企業価値等の評価に当たっては、キャッシュ・フローをベースとしたDCF法が用いられるのが一般的である。これは不動産や企業活動が将来生み出すキャッシュ・フローに着目して評価しようというもので、企業評価の場合だと従来は純資産や会計上の利益を評価の対象としてきたのに対し、不動産の場合は実際の取引事例を基準とする取引事例比較法や、

図表4－7　（不動産）ＤＣＦ法

［考え方］
ＤＣＦ法は将来期待される収益のひとつひとつを現在価値に割り引き，それらを合計することで現在価値を求めるプロセス（割引キャッシュ・フロー法；Discounted Cash Flow Analysis）。

$$V=\sum_{t=1}^{n}\frac{CF_t}{(1+i)^t}+\frac{FV_n}{(1+i)^n}$$

$$収益価格=\sum_{t=1}^{n}\frac{各年の純収益}{(1+割引率)^t}+\frac{売却利益}{(1+割引率)^n}$$

Ｖは不動産の価値，iは期間利益率（割引率），nは期間，CF_tはt期のキャッシュ・フロー，FV_nは保有期間終了時の売却予想収益。
t年度目のキャッシュ・フローCF_tを $(1+i)^t$ で割ることで現在価値に割引く。そして各年度のキャッシュ・フローを割り引いて求めた後の全期間のキャッシュ・フロー現在価値を合計する。

［具体例］
○収益物件のビルを５年間賃貸し，５年後に売却すると仮定。
○毎年の純収益（収入－費用）を各々10とし，５年後の売却利益を100とし，割引率を10％とする。
○この物件の収益価格は次のとおり。

$$収益価格=\frac{10}{1+0.1}+\frac{10}{(1+0.1)^2}+\frac{10}{(1+0.1)^3}+\frac{10}{(1+0.1)^4}+\frac{10}{(1+0.1)^5}+\frac{100}{(1+0.1)^5}$$

資料）久垣新『こうすれば土地は動く』日本経済新聞社，1999年，136～137頁。

商品化までに要したコストを考慮した原価法が重視されてきたのに対し、これらに代わるものと言える。[12]

デュー・ディリではこうした評価に加え、債権の時効到来の有無、根抵当権の確定状況、競売状況、先順位債権のチェック等債権評価に当たって幅広い作業を行なうことが要求される。そうした全体にわたるチェックを行なったうえで、売買価格が提示され、はじめて不良債権売買の実行が検討され、取引が成立する。

不動産ＤＣＦ法の具体例を図表４－７に示してあるが、価格は毎年生み出される賃貸料収入等から、経費を差し引いて残る純収益と、保有終了時の売却益の合計である不動産の生み出す収益（キャッシュ・フロー）を各種データを用いて算出し、それぞれを割引率を使って現在価値に戻した総和であり、不動産の資産価値よりも利用価値に着目した評価方法である。この方式では、当該不動産がどれだけの価値を生むのかというキャッシュ・フローの重視と、それを現在価値に割引く際の利回りの判断が重要となってくる。

5――不良債権売買市場の確立

不良債権の売買が活発化するにしたがって、次第に売買規模が拡大していった。市場が確立するためには、取引に関する情報が適切かつ有効に提供、開示されることが不可欠とみられるが、不良債権売買市場に関する情報は必ずしも十分ではない。

そもそもどのくらいの規模の不良債権が、どの程度の価格で売買されたのかが明確でない。『日本銀行調査月報』（二〇〇〇年八月号）では、全国銀行の一九九一〜一九九九年度の累計の不良債権処理額（除く一般貸倒引当金純繰入額）六一兆円のうち、四二兆円（処理額全体の約七割）が最終処理された不良債権にかかわる償却額（売却損、支援損を含む）と試算している。これを元本ベースに戻すと、正確に捕捉することは困難としながらも、前記償却額四二兆円に対する不良債権元本額は五二兆円、最終処理に至っていない不良債権元本は三一兆円と推計している。したがって一九九一〜一九九九年度に償却・引当等の措置がとられた不良債権元本（五二＋三一＝八三兆円）のうち、バランス・シートから実質的に切り離された金額（五二兆円）は、約六割になると試算している[13]（これは五二兆円の不良債権を処理するのに、四二兆円の処理損が発生したことを意味している）。

最終処理がどのような方法で行なわれたかを一九九一〜一九九九年度について推計すると、まずＣＣＰＣ売却があげられる。ＣＣＰＣの公表資料によると、一九九三年の開業以来、一九九九年度末までの買取債権元本は一五・四兆円である。次に米国投資銀行等によるバルク・セールは一九九七年度以降本格化し、一九九八年度末ないし一九九九年度末までに、主要行から約一〇兆円の買い取りが行なわれていたと言われる（「日経金融新聞」一九九九年三月二三日、二〇〇〇年六月二日）[14]。ほかには旧住専への債権放棄が五・二兆円、残りはそのほかの法的整理、債権放棄、ＲＣＣへの売却（一九九九年度全国銀行ベースでは約四二〇〇億円）等によるものとみられる。

こうした債権がどの程度の価格で売買されているのかもはっきりしないが、売買価格の対債権元本比率は三〜四％から一〇％程度までと見方はまちまちである。例えば、図表4-8の新聞報道では、同比率は〇・八〜一二・五％で平均は五・七％とのことである。また、不良債権売買の実情が初めて計数的に示された、ＲＣＣの金融再生法第五三条に基づく健全金融機関か

図表４－８　不良債権の一括売却の事例

	債権の額面(A)	売却価格(B)	B/A
ケース１	2,000億円	120億円	6.0%
ケース２	1,600	80	5.0
ケース３	800	50	6.3
ケース４	500	4	0.8
ケース５	400	50	12.5
平均	1,060	61	5.7

出所）大信田博之「外資悪玉論は誤り」(「日経金融新聞」2002年５月９日)。

図表４－９　整理回収機構の金融再生法第53条買取実績

（単位；金融機関数，億円，％）

	金融機関数	債権元本金額(A)	買取価格(B)	B/A
1999年度	91	4,510	217	4.8
2000	95	5,222	126	2.4
2001	87	3,302	206	6.2
2002	110	20,885	2,057	9.8
2003	89	4,054	641	15.8
2004　(注1)	63	2,067	285	13.8
合計(注2)	192	40,041	3,533	8.8

注１）2005年３月31日申込み締切分を含む。
　２）金融再生法改正（2002年１月）前は金融機関数134，債権元本金額10,768億円，買取価格393億円(対債権元本比率3.7%)，法改正後は金融機関数144，債権元本金額29,273億円，買取価格3,140億円（同10.7%）となる。
資料）整理回収機構ホームページより作成。

らの不良債権買取額は、図表4-9に示されているように金融再生法改正前の一九九九年四月～二〇〇一年一二月で、債権元本一兆七六八億円、買取価格三九三億円と、買取価格の債権元本に対する比率は三・七%となっている。

取引の形態は、不良債権売買取引の開始された当初は、買い手が限られていたことから、大半が相対取引とみられたが、その後は競争激化に伴い、次第に多数の買い手を対象とする入札取引のウエイトが、増加してきているとみられる。入札の方式も売り手優位の市場を背景に、できるだけ高く売るため、①札はプール全体で入れさせるが、そのなかで案件ごとに最も高値の先を選んで個別に落札させる「チェリー・ピッキング」や、②「二段階方式」(一回目で二者を選び、二者を一回目より高値となる方向でもう一回競わせる)、③「サンプル・ビッド」(一回目に、売ろうとしている全体のなかの数件の案件〈内容が劣悪ないし回収困難なものが対象〉の入札を行ない、勝った先と残り全部について相対取引を実施)等、いろいろな手法が広がってきている。

その後の不良債権売買の規模は必ずしも明確ではないが、RCCの金融再生法第五三条に基づく買い取りがある程度のウエイトを占めたとみられる。[15] 計数的には図表4-9に示されているとおりで、金融再生法改正後の二〇〇二年一月以降、最終買い取りまでの債権元本は二兆九二七三億円、買取価格は三一四〇億円で、買取価格の債権元本に対する比率は一〇・七%となっている。こうした面でのデータ整備が図られたのは、日本銀行が金融再生プログラムで謳われた貸出債権売買市場確立の前提として、二〇〇三年度来四半期ベースで「貸出債権市場取引動向」を公表して以降である。この統計は銀行のシンジケート・ローンの組成実績と期末残高、正常債権と不良債権（要管理先以下）の流動化実績を取り扱っており、銀行の不良債権売買市場（一次マーケット）の全体像を把握できる唯一の資料と言える。

（1） 金融庁では二〇〇一年九月のマイカルの破綻に際し、大手銀行が貸出債権を甘めに評価しているのではないかとの批判を受けたことから、二〇〇二年三月期以降、定例的な検査に加え、主要行に対し決算期前に一定基準に該当する大手企業の債務者区分や、貸出の健全性についての特別検査を実施した。この結果、銀行側で評価を再検証しようとする動きにつながってきたが、二〇〇五年三月末までに大手行の不良債権比率が目標の四％台まで下がったため、廃止するとのことである（「日本経済新聞」二〇〇五年四月九日等）。

（2） 『日経エコロジー』（二〇〇三年一一月号）によると、土壌汚染リスクを反映した担保不動産の再評価について、国内の金融機関は外資系に比べ動きが鈍いと言われていたが、ここへきて（二〇〇三年秋当時）着手する動きが活発になっていると説明している。

（3） 二〇〇一年の金融再生法改正の過程で、RCCの買取価格を時価買い取りとするよう議論された際、大量に買い取るための方策として、銀行の売却に伴って発生する負担を少なくするとの観点から、マスコミ等で実質簿価での買い取り（金融機関の積んでいる引当金を債権額から差し引いた価格でRCCが買い取り）や、ロス・プロフィット・シェア方式の導入（回収時に損失や利益が発生した場合には、RCCと金融機関で損益を負担・折半する）が喧伝された（「日本経済新聞」二〇〇一年九月一八日、「朝日新聞」二〇〇一年九月二〇日、「東京新聞」二〇〇一年九月二一日等）経緯があるが、こうしたやり方は無差別の金融機関救済につながりかねないことや、オフ・バランス化が可能かどうかといった基本的な問題も多く、検討が進められることはなかった模様である。

（4）金融庁の発表（二〇〇四年九月一六日）によると、二〇〇〇年以降の金融検査マニュアル導入後の主要一一行の金融庁検査と、自己査定の貸出金分類額（II分類額＋III分類額＋IV分類額）の乖離幅（（金融庁検査額−自己査定額）／自己査定額）は、一巡目検査（二〇〇〇年三月期から二〇〇一年九月期のいずれか）の三五・九％から、二巡目検査（二〇〇一年九月期から二〇〇三年三月期のいずれか）では一〇・一％、三巡目検査（二〇〇二年九月期から二〇〇四年三月期のいずれか）では五・五％と低下しており、金融庁検査と自己査定の認識が近付いてきたものとみられる。

（5）例えば、東京三菱銀行の二〇〇四年度ディスクロージャー誌によると、二〇〇三年度決算において与信関係費用（引当・償却や債権売却損など、金融機関の貸出などの与信取引に伴って発生する費用の総称）総額では、引当金の戻りが貸出金償却や債権売却による損失を上回ったため、戻入れ益となったと説明されている。

（6）銀行の不良債権処理に要した費用は、全国銀行ベースで九六・四兆円（二〇〇四年度までの累計）、破綻金融機関の処理費用（二〇〇四年度末）約二五兆円、公的資金注入額（二〇〇四年度末）一二・四兆円（残高ベース八・九兆円）と、合計一三三・八兆円で、個人金融資産（一四〇〇兆円）の約一割、国内銀行総資産（七四〇兆円）の約二割を費やしたかたちとなる。

（7）フランク・パッカーは、ＣＣＰＣは税金対策として損失の実現を大いに促した（不良債権の損失を所得から控除することを容易にする）ものの、売却銀行への遡及やあまりに楽観的な評価は貸付の二次的損失を溜め込んでしまったと説明している。銀行の資産の質の透明性を増すという観点、銀行を不動産のリスクに晒すことを削減するという観点、そして不動産市場の流動化を増すという観点からは、ＣＣＰＣは失敗であった。ＣＣＰＣは九〇年代の不良債権問題に対する日本の政策の失敗の縮図であったと指摘している（「日本における不良債権処理：共同債権買取機構のケース」星岳雄ほか編、筒井義郎監訳『日本金融システムの危機と変貌』日本経済新聞社、二〇〇一年)。CCPCによる買い取りは、一九九八年夏の金融再生トータルプランに基づき一九九八年度以降の買い取りに当たっては、客観的な適正評価手続(デュー・ディリジェンス)のマニュアルに沿って買い切る方式となったが、民間サービサーの台頭や、RCCの不良債権買い取り開始などから低迷を余儀なくされた。

(8) SPC法成立の意義・背景等については、片山さつき『SPC法とは何か』日経BP社、一九九八年参照。

(9) 和田勉『企業再生ファンド』光文社、二〇〇三年、七四~七五頁。

(10) デュー・ディリジェンスの定義・具体的な方法等については、不動産鑑定士評価システム協同組合『不良債権処理のためのデューディリジェンス』清文社、一九九八年や、田作朋雄・岡内幸策『不良債権処理ビジネス』東洋経済新報社、一九九八年、第三章参照。

(11) 土壌汚染調査・措置については、Phase1(現地分析を行なわず、土地の利用履歴等の調査により土壌汚染発生の可能性を判定する)から、Phase2(現地調査、化学分析等の手法により現況を把握し、リスク程度を評価する)、Phase3(対象範囲を決定し、浄化工法を決定する)まであるが、バルク・セールに際してのデュー・ディリにおいては、守秘義務上の問題や時間的な制約等から、レベルはPbase1程度の調査が大半とみられる。

(12) 不動産DCF法に関しては、久恒新『DCF法による不動産鑑定評価の考え方と実践』日本経済新聞社、二〇〇三年を、また再生のための企業・債権評価DCF法に関しては、DCF研究会編『DCF入門』金融財政事情研究会、二〇〇三年を参照。

(13) 「毎日新聞」(二〇〇一年二月二七日)等によると、金融庁公表の一九九二~二〇〇〇年度上期の全国銀行の不良債権処分損は累計で六八兆円。このうち直接償却等の累計額は二九兆円であるが、金融庁ではこれに貸倒引当金の取崩し額等を加えたオフ・バランス化の累計額を五四兆円と推計し、不良債権処理額のうち約八割が債権を帳簿から切り離す直接処理だったと説明している。

(14) 田作朋雄氏によると、二〇〇〇年末に主要投資家に個別ヒアリングを行なった結果では、全国銀行の他にリース・ファイナンス会社、保険会社等からを合わせ外資系投資家にバルク・セール等のかたちで約二九兆円の売却処分が行なわれていたとのこと(「金融再生と産業再生に向けた直接償却手段とは何か」『金融財政事情』二〇〇一年四月三〇日号)。

(15) 「日本経済新聞」(二〇〇四年一月七日)によると、二〇〇二〜二〇〇三年の二年間でRCCは元本ベースで約二兆五四〇〇億円の不良債権を買い取ったが、「大手銀行は二年間で六兆円以上の破綻懸念先の債権を売却などで減らした。RCCはそのうち三割近くを買い取ったことになる」と述べている。

第五章　不良債権売買市場における主なプレーヤーと取引の実情

一九九七年にバルク・セールが開始された後、不良債権売買市場は次第に拡大してきた。主な買い手は当初外資系のファンドの独壇場であったが、一九九九年サービサー法が施行され、また整理回収機構による金融再生法第五三条に基づく買い取りが開始されるに伴い、サービサーの数が増加し、また国内外の各種ファンドが相次いで設立されてきた。銀行も不良債権処理のため、担当部門の拡充はもとより、サービサー、再生専門子会社を設立する動きが目立った。不良債権の処理が進み、残高が減少するなかにあって、増大する買い手は、不動産を中心に値上がり期待が強いことや、後発組をはじめとして仕事量確保に躍起であること等を映じ、買い取りに極めて意欲的なことから、市場は過熱状態にあるとさえ言われている。この間、産業再生機構が設立されるなど、処理方法は清算型から再生型へと変化してきている。銀行としては今後こうしたサービサー、ファンド、企業再生ビジネスをどう戦略部門として位置付け、取り組んでいくかが課題である。

1——整理回収機構（RCC）

整理回収機構（RCC）は、一九九九年四月に住宅金融債権管理機構（住管機構）と、整理回収銀行（RCB）が合併してできた預金保険機構の全額出資による銀行で、発足時より金融再生法第五三条に基づく健全金融機関からの不良債権の買い取り業務（預金保険機構からの委託業務）を開始した。[1]

この買い取りは当初二〇〇一年三月末までの申し込みで終了することとなっていたが、二〇〇一年六月の同法の改正により二〇〇三年度末まで買い取り実施期間が延長となり、さらに二〇〇一年一二月に次の点が改正された（買い取り期限は産業再生機構法の買い取りとあわせるかたちで、二〇〇三年四月の再度の改正によりさらに一年間延長され、二〇〇四年度末までとされた）。

改正された点は、①価格決定方式の弾力化（時価買い取り）[2]、②入札への参加を可能とする、③買い取った不良債権の処分方法の多様化に努める、④経済情勢、債務者の状況等を考慮し、当該資産の買い取りから可能な限り三年をめどとして、回収または譲渡そのほかの処分を行なうよう努める、また⑤債務者の再生の可能性を早期に見極め、その可能性のある債務者については速やかな再生に努めるということであった。

そのほか、買い取り回数の増加（年二回から四回）等もあり、利便性が増したこと等を背景に、法律改正後の買い取り額は法律改正前に比べ大幅に増加した（法律改正前〈一九九九年四月～二〇〇一年一二月〉買取債権元本額一兆七六八億円→法律改正後〈二〇〇二年一月～二〇〇五年三月〉買取債権元本額二兆九二七三億円）。また買取価格算定方式の見直しに加え、法律改正後は法律改正前に比べ、再生の可能性を見極めることや、担保物件以外からの事業収入等による返済金等のキャッシュ・フローの評価を高めたことから、買い取り債権の中味が法律改正前は実質破綻先、破綻先債権が大半であったのが、破綻懸念先のウエイトが増大するなど、大きく変わったこともあり、買取価格の対債権元本比率は約三倍の上昇となった（法律改正前の買取価格の対債権元本比率三・七％→法律改正後同一〇・七％）。

ＲＣＣによる不良債権の買い取り促進として、二〇〇二年二月自民党デフレ対策特命委員会では「預金保険機構・ＲＣＣを利用した不良債権処理については、……信託方式や企業再建ファンド等の活用を含め、二〇〇三年三月を目途に二兆円以上（元本ベース）を目指す」との方針を打ち出したが、実績は五三条買い取りだけで二兆三一五二億円と二兆円を突破、信託案件を含めると三兆円を上回った（三兆一三一六億円）。

法律改正後、金融再生法第五三条による買い取りが大幅に増加した点をどう評価するか。量的な観点からは、例えばＫＡＭＣＯ（韓国資産管理公社）では、不良債権市場を①ＫＡＭＣＯのような公的機関が集中的に不良債権を買い取る時期（この時期においては、民間投資家の不良債権に対する投資意欲は著しく低い）、②政府の特別の助成措置のもとで、民間企業による不良債権処理が進む段階、③インベストメント・バンクやプライベート・エクイティ・ファンドが不良債権に投資する段階、と三段階で把握しており、韓国は②と③の中間段階にあると認識しているとのことである（『金融財政事情』二〇〇三年一一月一七日号）。こうした観点からすると、日本の市場はＲＣＣの買い取りがトリガーとなるかたちで、民間投資家の参入増加で過当競争の様相すら呈するに至っており、最終の③の段階にあると言える。

また、ＲＣＣの買い取りにより、それまで銀行が一般市場では売却しにくく処理できずに残っていた、①バルク・セールに入りにくい小口案件や地方案件、②とりわけ外資系が購入に消極的な暴力団関係者等特定債務者絡みの案件、③担保物件の抵当権が何本も細かく設定されているような利害関係の複雑な案件、および⑤レピュテーション・リスクの絡む案件等が取り引きされるようになり、流動化が促進された面は大きい[3]。

さらに市場形成の要件として、合理的な価格決定のメカニズムが確保されているか否かが重要なポイントとなるが、この点については法律改正後、ＲＣＣの買取価格が時価評価となったことから、市場における売買価格が次第に修正されていったとみることができる。それまで売り手である銀行の売却見込み価格と、買い手の提示価格との乖離幅が大きく、スムーズな取引が阻害されていた面があったと言われるが、時価取引の拡大に伴い次第に乖離幅が縮小することなり、取引の活発化が促進され、市場規模の拡大につながってきたとみることが可能である。

適正な市場価格の形成に金融再生法第五三条に基づく買い取りが果たしてきた役割は大きいとみられる。金融再生法第五三条による買い取りが開始される前は、売買価格に対する明確な基準がなく、債権元本額の概ね一割以下の価格で取引されていると言われていたに過ぎず、売り手側も判断しにくい面があった。しかし、金融再生法第五三条による買い取り開始後は、預金保険機構・RCCにより買取債権元本、買取価格が買い取りの都度公表されるに至ったことから、売り手、買い手とも取引価格の判断基準が示されることとなり、円滑な取引が促進されることになったと評価されよう。

公共投資が民間需要拡大のための「呼び水」的な役割を果たしているとすると、金融再生法第五三条に基づく買い取りは、不良債権売買市場の形成にインパクトを与えてきた点は間違いなく、日本の不良債権売買市場はそれなりに整備されてきたと言える。したがって、今後は公的資金から民間資金へのシフトを促し、民間の資金を使って流動化を進め、マーケットを作っていくのが望ましい方向との見方も成り立つ。[4] ただ、地域金融機関を中心に民間のサービサー等では処理しにくいと思われる案件が残っているとの指摘もあり、こうした案件の処理については、引き続きRCCの役割が検討されることも考えられよう。前述のとおり二〇〇一年の「今後の経済財政運営及び経済社会の構造改革に関する基本方針（骨太の方針）」や、二〇〇二

図表5－1　金融機関のニーズに合わせた整理回収機構の活用法

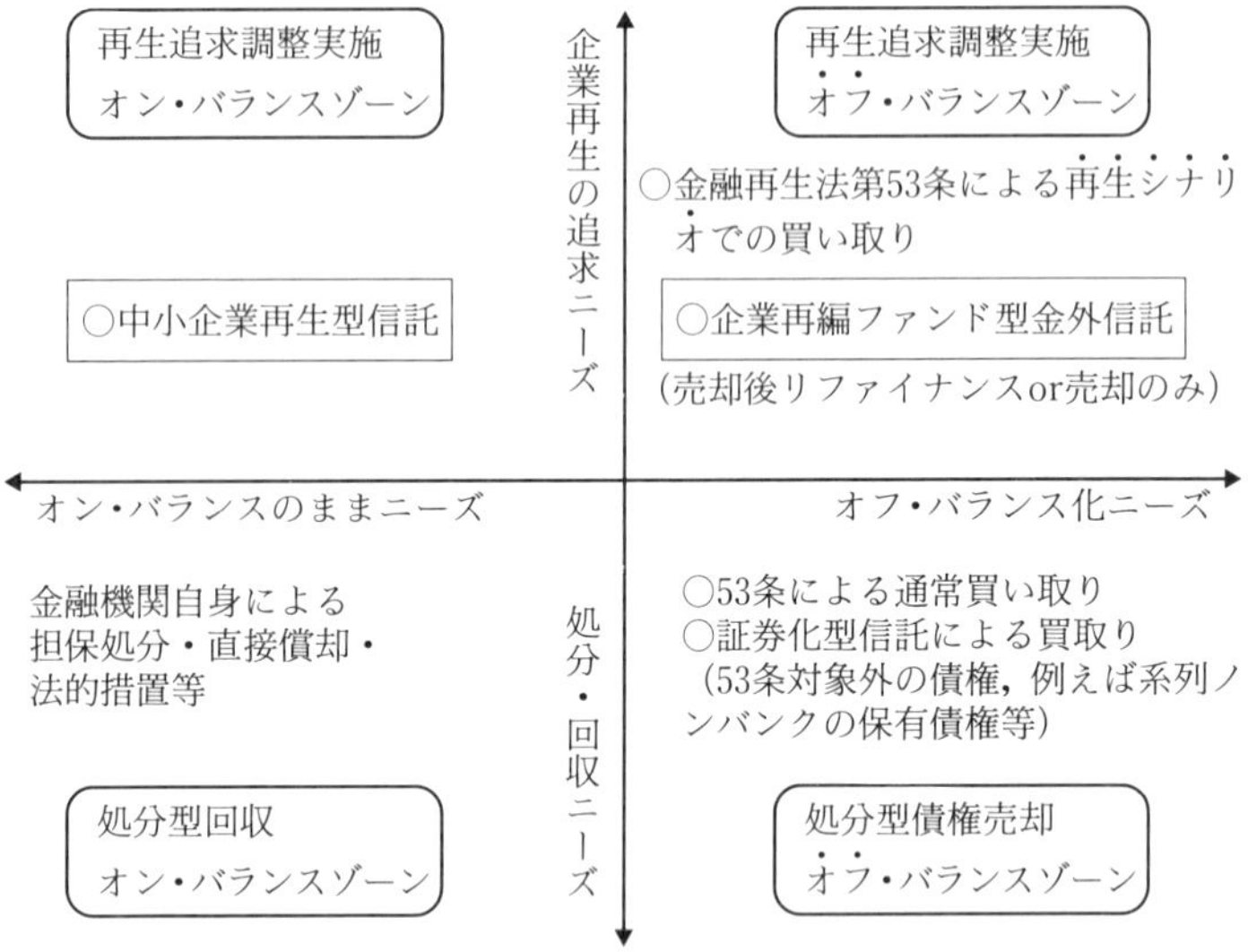

注1）金融機関の再生の可能性の追求ニーズ（縦軸），貸出債権を金融機関のB/Sから外したいニーズ（横軸）で，RCCの活用スキームを区分した。
2）金融再生法第53条による買い取りは2005年3月31日申込み分で終了。

年の「金融再生プログラム」等により、図表5－1のようにRCCの機能強化が図られていることもあり、RCCは企業再編ファンド[5]のように、民間ファンドを使って調整機能を果たすことが期待される。

二〇〇四年一二月に公表された金融庁の「金融改革プログラム」において、「中小企業等の集中的再生に向けた整理回収機構（RCC）の再生機能の見直し及び保有債権の流動化の促進」が謳われたことから、RCCでは二〇〇五年四月にこれにそった今後の業務運営のあり方を公表している。このうち、企業再生業務については、民間との役割分担を踏まえ、民間では対応困難な再生分野において機能を発揮すること、また地域金融機関が取り組む中小企業等の企業再生を支援するため、政府系金融機関や中小企業再生支援協議会等との連携を強化する等の方針のもと、地域金融機関等の要請を受けて①調整機能(民間では調整困難な案件について、大手金融機関、地域金融機関、政府系金融機関等の金融債権者間の調整を実施)、②法的再生(事業存続が可能ではあるが、私的再生では再生実現が困難な案件について、RCCの申し立てもしくはRCCの助言に基づく債務者の申し立てによる法的再生手続の実施)、③特定業種(公共交通機関、第三セクター、病院・学校等民間では取り扱い困難な案件)、④地域への再生ノウハウの積極還元(地域金融機関のニーズに応じ、中小企業再生支援協議会等とも連携のうえ、企業再生計画策定に関する支援等を提供)等の分野において再生機能を発揮することを表明している。

また、金融改革プログラムで示された保有債権の流動化については、RCCはこれまで金融機関から不良債権を大量に買い取ってきた結果、かなりの債権保有者となっているが、今後は「受け手」から「出し手」へと変わることを意味しており、セカンダリー・マーケットにおける不良債権の売買の促進に資することになろう。RCCは今後の業務運営のあり方の中で、今後三年間程度で市場での処分困難な債権を除き、回収、売却により整理し、その結果二〇〇七年度末までに保有延滞債権件数を現在の四分の一程度に縮減するとしている。

2——産業再生機構（ＩＲＣＪ）

産業再生機構（ＩＲＣＪ）は、「金融再生プログラム」に基づき金融と産業の一体的な再生を図るため、二〇〇三年四月に預金保険機構の全額出資で設立され、同年五月から業務を開始した。ＩＲＣＪは雇用の安定等に配慮しつつ、産業の再生を図るとともに、金融機関等の不良債権の処理の促進を通じて、信用秩序の維持を図ることを目的とした。収益力のある事業基盤をもちながらも、過剰債務等が原因で本来の力を発揮できないでいる企業に対して、金融機関等が有する債権の買い取り等を通じ、事業再生の支援を行なうことを業務とした。

債権の買い取り期限である二〇〇五年三月末までに支援した企業は四一先で、債権の買い取りと支援企業への出資に要した資金は、一兆円規模と言われている。(6) 当初の支援先企業の目標を一〇〇先以上と掲げていたことや、政府保証による一〇兆円の資金調達が可能であったことからすると、量的には物足りなさを指摘する声も聞かれたが、図表5-2に示されているように支援先企業の内容は、大手上場企業から地場産業までおよんだうえ、業種別にもホテル、百貨店、鉱業、バス会社と多種多様にわたり、また地域的にも全国各地の企業が対象となるなど、広範囲の活動を展開した。

図表5－2　産業再生機構支援決定先企業一覧

（単位：百万円）

	対象事業者（本社所在地）	事業の概要	対象事業者と連名で支援の申し込みをした金融機関等	対象事業者の債権の元本総額	買取りに係る債権の元本額	買取決定日
1	ダイア建設(東京都新宿区)	マンション建設，不動産業等	りそな銀行	193,998	20,283	2003/9/30
2	うすい百貨店(福島県郡山市)	百貨店	秋田銀行	15,035	4,537	2003/10/31
3	明成商会(大阪市)	化学品専門商社	三井住友銀行	12,658	4,568	2003/10/31
4	九州産業交通（熊本市)	路線バス，旅行業等	みずほ銀行	52,598	39,227	2003/11/27
5	津松菱(津市)	百貨店	百五銀行	9,501	957	2003/11/27
6	マツヤデンキ(大阪市)	家電販売	りそな銀行	3,616	2,243	2003/12/1
7	八神商事(愛知県瀬戸市)	医療衛生用品等卸売業	十六銀行	5,892	3,700	2003/12/1
8	三井鉱山(東京都江東区)	エネルギー関連等	三井住友銀行	242,400	178,300	2003/12/10
9	富士油業(札幌市)	石油卸売業	富士興産	8,397	1,903	2004/2/13
10	大阪マルビル(大阪市)	ホテル	三井住友銀行	19,636	3,828	2004/2/27
11	金門製作所(東京都板橋区)	ガス・水道メーター等製造販売	りそな銀行	30,010	15,878	2004/3/30
12	フレック(千葉市)	食品スーパー	千葉銀行	9,968	2,267	2004/6/25
13	タイホー工業(東京都港区)	化学メーカー	UFJ銀行	8,903	4,271	2004/7/5
14	大川荘(福島県会津若松市)	温泉旅館	東邦銀行	6,381	6,300	2004/7/13
15	スカイネットアジア航空(宮崎市)	旅客運送等	宮崎銀行，宮崎太陽銀行，商工中金，中小公庫，高鍋信金	2,515	949	2004/7/13
16	ミヤノ(長野県上田市)	各種工作機械等製造販売	三井住友銀行	12,373	8,086	2004/7/13
17	カネボウ(東京都港区)	化粧品，繊維等	三井住友銀行	555,654	110,819	2004/7/30
18	ホテル四季彩(栃木県日光市)	温泉旅館	足利銀行	1,731	1	2004/7/30
19	栃木皮革(栃木県栃木市)	皮革品製造販売	足利銀行	7,634	99	2004/8/31
20	オーシーシー(横浜市)	通信ケーブル製造販売	みずほプロジェクト	37,773	12,147	2004/9/22
21	フェニックス(東京都渋谷区)	各種スポーツウェア製造販売	三井住友銀行	12,799	4,020	2004/10/5
22	アメックス協販等(島根県江津市)	粘土瓦製造販売	山陰合同銀行	6,706	2,281	2004/10/12
23	粧連(北海道北広島市)	化粧品・日用雑貨卸売業	北海道銀行	6,363	186	2004/11/17
24	大京(東京都渋谷区)	マンション分譲等	UFJ銀行	484,300	87,100	2004/11/26
25	服部玩具(名古屋市)	玩具卸売業	UFJ銀行，みずほ銀行	10,136	2,254	2004/11/30
26	田中屋(栃木県塩原市)	温泉旅館	足利銀行	1,191	1	2004/12/24
27	関東自動車(宇都宮市)	路線バス等	足利銀行	13,379	1	2005/1/13
28	金精(栃木県日光市)	温泉旅館	足利銀行	1,227	1	2005/1/13
29	あさやホテル(栃木県藤原町)	温泉旅館	足利銀行	22,723	1	2005/1/26
30	鬼怒川温泉山水閣(栃木県藤原町)	温泉旅館	足利銀行	7,857	1	2005/2/3
31	三景(東京都台東区)	衣料品副資材等の生産・卸	東京三菱銀行，りそな銀行	71,887	27,084	2005/2/14
32	玉野総合コンサルタント(名古屋市)	土木系総合コンサルタント業	UFJ銀行	22,402	4,027	2005/2/14
33	鬼怒川グランドホテル(栃木県藤原町)	温泉旅館	足利銀行	4,282	101	2005/2/28
34	釜屋旅館(栃木県日光市)	温泉旅館	足利銀行	1,919	1	2005/2/28
35	ダイエー(神戸市)	総合スーパー	UFJ銀行，みずほコーポレート，三井住友銀行	1,020,562	394,336	2005/2/28
36	オグラ(札幌市)	菓子卸売業	北洋銀行	5,874	2,709	2005/3/16
37	ミサワホームホールディングス(東京都杉並区)	住宅事業等	UFJ銀行	294,152	48,480	2005/3/25
38	宮崎交通(宮崎市)	路線バス・旅行業等	宮崎銀行，宮崎太陽銀行	50,606	33,250	2005/3/25
39	奥日光小西ホテル(栃木県日光市)	温泉旅館	足利銀行	858	1	2005/3/25
40	金谷ホテル観光(東京都台東区)	温泉旅館，ビジネスホテル	足利銀行	6,809	43	2005/3/25
41	アビバジャパン(名古屋市)	パソコンスクール運営	りそな銀行	－(買取りなし)	－(買取りなし)	2005/1/18(支援決定日)
	計			3,282,705	1,026,241	

資料）産業再生機構ホームページより作成。

企業再生に関しては、法的整理では事業価値が大きく損なわれることが多く、一方私的整理（「私的整理ガイドライン〈二〇〇一年九月とりまとめ〉」）では、債権者全員の同意が必要なうえ、メイン・バンク主導のもと、非メイン先からメイン先へのしわ寄せが求められ、メイン・バンクの責任・負担が大きいことから、なかなか再生が進まないといった状況があった。この点、ＩＲＣＪは私的整理における債務者間調整の困難さと、法的整理における事業価値の毀損を回避するとの視点から、法的整理と私的整理のすきまを埋める中間的な役割を果たし、メイン行に負わされていた調整機能の肩代わりを行なった。

また、ＩＲＣＪは財務内容のみならず、事業分野に至るまで厳格なデュー・ディリを実施のうえ、民間では手掛けにくい取引先金融機関が多数にわたるケースや、政府系金融機関との調整を行ない、収益の出ているコア事業を中心に事業戦略の再構築、経営改善策を示し、債権放棄、ＤＥＳ（債務〈の一部〉を株式に転換すること）、出資等の金融支援スキームの検討、スポンサー探し等これまで日本になかった事業再生の新しいビジネス・モデルを確立したと言える。

現に、ＩＲＣＪの業務開始前後に企業や銀行が前倒しで再建計画を進め、大手商社や流通の再編が進んだほか、銀行が独自に企業再生ファンドを設立する動きも広がった。ＩＲＣＪの業務経験者が、今後日本において不足していると言われるターン・アラウンド・マネージャー（事業再生実務者）の供給源となることが期待されており、また同業務の民間のサービサーやファンドへのスムーズな移行が求められよう。(7) ＩＲＣＪによる債権買い取り業務の期限到来を踏まえ、二〇〇四年一二月に設立された経済産業省経済産業政策局長の私的研究会「企業活力再生研究会」で議論されているように、今後事業者において事業毀損が出始めた場合、いかにして迅速に関係者間の調整を図りながら、事業価値を毀損しないで再生を遂げられるかが課題であり、かつそれが市場原理にのっとり民間ベースで円滑に行なわれるよう環境が整備されることが必要であろう(8)。

3——証券会社、投資銀行、各種ファンド、サービサー

日本でのバルク・セールの第一号が穀物商社カーギルの投資会社によって始められたように、日本におけるバルク・セール等による不良債権投資を立ち上げたのは、外資系の証券会社、投資銀行といった金融会社や、ファンド会社であった。外資系の不良債権プレーヤーが日本に新しいノウハウを持ち込み、ニュー・ビジネスを作り出した。その後、資金運用難にあえぐ国内系各社の進出も活発になってきている（外資系のなかには短期決戦ですでに日本から撤退している先もみられるとのことである）。

不良債権処理ビジネスを進める過程で、担保不動産を取り出し、不動産投資ファンドに切り替える不動産ファンドや、不振企業の支援のための事業再生ファンドが発生してきており、単

なる不良債権の売買から投資対象が拡大してきている。「金融再生プログラム」において、企業再生ファンド等の積極的な活用が謳われたこともあり、ファンドの設立が相次いだ。ファンドは国内外の投資家から資金を集め、土地やビルを買い、または事業の再生を請け負い、利益を出して投資家に還元する。自己資金を使って投資をする先もある[9]。

不良債権を買い取った投資家は、①担保を処分し、清算する（この業務はサービサーへ委託）、②不良債権を株式化する（DES）などして、再建後売却する、③そのまま買取額より高い価格で転売すること、等により利益をあげていく[10]。資金を投入し、経営の立て直しを図るといった事業再生ファンドの役割は、かつてのメイン・バンク制が堅ろうであった時には銀行が担っていた。メイン・バンクは広範な企業情報を有し、これに基づいて経営指導、アドバイスを行ない、貸出の可否を判断し、かつ最も重要なステーク・ホルダーとして企業行動への牽制や規律付けを行なってきた。しかしながら、メイン・バンク制の崩壊と多額の不良債権処理を余儀なくされたことから、銀行のリスク・テイク能力が低下し、ファンドがとって代わってきたと言える。

サービサーは一九九八年に成立した「債権管理回収業に関する特別措置法（サービサー法）」に基づいて設立された、債権の管理および回収を業として行なう者である。一九九九年の法律施行後、新規参入が相次ぎ、図表5-3および5-4のとおり二〇〇四年一二月末現在八九社が営業している（二〇〇〇年一二月末四二社→二〇〇一年一二月末六一社→二〇〇二年一二月末七一社

図表5－3　出資母体別サービサーの状況

（2004年12月31日現在）

出資母体別＼業務状況		取扱債権数（件）	取扱債権額（百万円）	債務者数（人）	回収額（百万円）
金融機関系	21社	7,950,405	46,535,672	7,472,497	5,478,946
信販・貸金・リース系	22社	13,465,002	19,608,919	13,052,298	1,063,456
外資系	16社	236,236	46,521,574	126,362	2,823,674
管理組合系	3社	838,947	752,041	836,729	17,623
不動産・独立系・その他	27社	627,374	16,311,517	345,694	519,427
合計	89社	23,117,964	129,729,723	21,833,580	9,903,126

注）業務状況について，取扱債権数，取扱債権額，債務者数及び回収額は，サービサーが，債権の管理回収の委託を受けたもの及び譲り受けたものの合計で，営業開始から（1999.2.1サービサー法施行日以降）の累計である。

出所）法務省ホームページ。

↓二〇〇三年一二月末八〇社）。

サービサーによる業務が始まったのは米国においてであるが、米国では取り扱うローンの種類によって大きく二つに分けられ、商業不動産ローンを扱うコマーシャル・サービサーと、個人向けの住宅ローンを扱うレジデンシャル・サービサーがある。個人向け債権については、レジデンシャル・サービサーの他に、消費者金融、自動車ローン、カードローン、医療費等の少額債権の回収業務を行なうコレクション・エージェンシーがあり、これらは長い歴史を有し、かなりの数があると言われている（二万社程度さらに二〜三万社との説明もある）。一方、コマーシャル・サービサーは一九八〇年代後半から、一九九〇年代前半にかけて、整理信託公社（RTC）が破綻したS&Lの不良債権処理において、バルク・セールや証券化スキームを進めるなかで設立された。

コマーシャル・サービサーは、一九九五年のRTCの業務終了後政府関連需要の減少から淘汰が進んだが、民

図表5－4　サービサーの業務状況推移

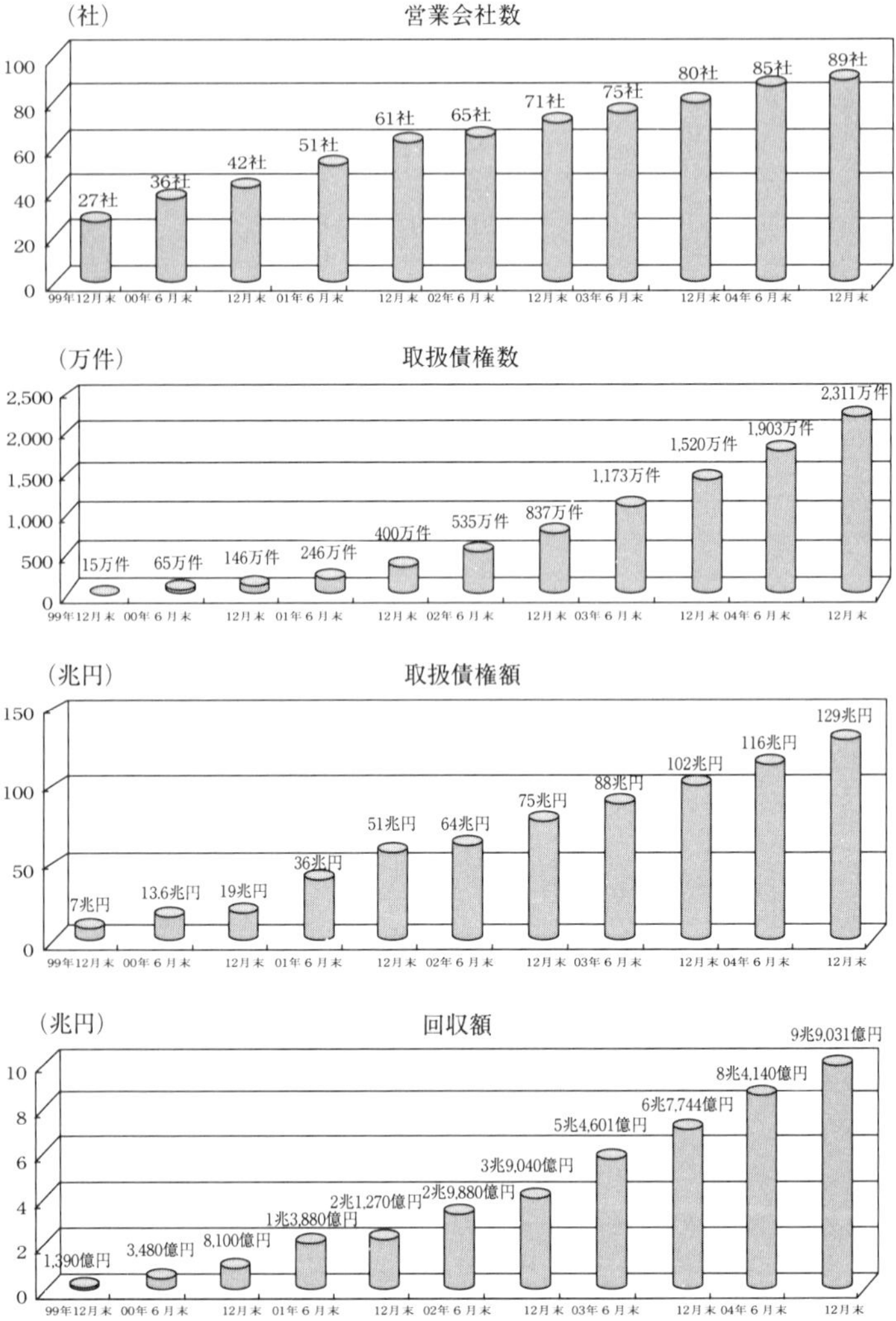

(社)
営業会社数
27社
36社
42社
51社
61社
65社
71社
75社
80社
85社
89社
(万件)
取扱債権数
15万件
65万件
146万件
246万件
400万件
535万件
837万件
1,173万件
1,520万件
1,903万件
2,311万件
(兆円)
取扱債権額
7兆円
13.6兆円
19兆円
36兆円
51兆円
64兆円
75兆円
88兆円
102兆円
116兆円
129兆円
(兆円)
回収額
1,390億円
3,480億円
8,100億円
1兆3,880億円
2兆1,270億円
2兆9,880億円
3兆9,040億円
5兆4,601億円
6兆7,744億円
8兆4,140億円
9兆9,031億円
99年12月末
00年6月末
12月末
01年6月末
12月末
02年6月末
12月末
03年6月末
12月末
04年6月末
12月末

出所）法務省ホームページ。

間金融機関からの資産ポートフォリオの管理・処分の委託業務は、CMBS（Commercial Mortgage Backed Securities：商業不動産ローンを担保としたABS〈Asset Backed Securities：資産担保証券〉）マーケットを通じ、根強い需要を有していると言われる。したがって、サービサーは単なる債権回収業ではなく、資産運用のプロフェッショナル、証券化スキームの担い手などの新しい役割を果たすことが期待されるビジネスとみられている。[11]

日本では従来こうした業務は弁護士にしか認められていなかったが、一九九〇年代後半において金融機関の不良債権問題が深刻化するなか、米国の例にならって、不良債権処理を促進するため、日本版サービサーの必要性が唱えられ、法律が制定された経緯がある。現在営業している約九〇社のサービサーを出資母体別に分けると、図表5-3にみられるように信販・貸金・リース系、金融機関系および外資系のウエイトが高く、会社数で全体の六割強を占めている。

各サービサーの業務の特徴を出資母体別にみると、図表5-5に示されているように、金融機関系は親銀行ないしグループ関係にある銀行の保有する不良債権、および銀行本体等が売却した先の投資家等からの回収受託が主ながら、一部の先では買い取りも積極化している。信販・貸金・リース系は、出資母体が長年培ってきた個人・無担保債権回収のノウハウを活用して、出資母体やグループ内の個人向け無担保融資の処理を中心に行なっており、こうした債権について他の金融機関からの買い取りにも前向きである。外資系は出資母体である投資銀行、

図表5－5　出資母体別にみたサービサーの活動状況

出資母体別	主要業務	受託先、買取先等
金融機関系	回収受託	①親銀行ないしグループ関係にある銀行の保有する不良債権 ②銀行本体等が不良債権を売却した投資家等
	買い取り	親密先グループ金融機関
		法人案件を取り扱う先と，住宅・カードローン等債権を取り扱う先に分けられる
信販・貸金・リース系	回収受託	出資母体，同グループ内の個人無担保ローン中心
	買い取り	他金融機関からの同上の債権
		出資母体が長年培ってきた個人・無担保債権の回収にノウハウあり
外　資　系	回収受託	出資母体である投資銀行，ファンド等
不動産業系		出資母体の不動産業のノウハウを受継ぎ，不動産担保債権の権利調整や境界確定業務等を得意

ファンド等が購入した債権の回収を受託しているケースが多い。そのほかの出資母体の先では、不動産業のノウハウを受け継ぎ、不動産担保債権の権利調整や境界確定業務を得意とするところなどがある。

　サービサーは買い取った債権や回収受託した債権について、担保処分をして回収したり、他に債権を売却したり、さらにDPO（ディスカウント・ペイオフ）といわれる債権放棄を行なうこと、等によって回収効率をあげている。なお、図表5-4に示されているサービサーの取扱債権数、取扱債権額および回収額はサービサーが債権の回収の委託を受けたもの、および譲り受けたものの合計で、営業開始からの累計である。これらの数字は銀行の不良債権処理額に比べ、やや大きいようにうかがわれるが、これは取扱債権は、①金融機関等が有するまたは有していた貸付債権（例えば二〇〇四年七月一日〜一二月三一日の期間では取扱全体の四二・二％）のほか、リース・クレジット債権（同四三・九％）が含まれ、そのウエイトが大きいこと、②転売、再受託等の場合、ダブル・カウントされているとみられることが理由と思われる。

なお、米国のコマーシャル・サービサーは機能別に、原債権の元利金を回収し、目論見書にのっとった発行証券の利払いや償還を行なう、いわば証券化にかかわる資金フロー全体を統括するマスター・サービサーと、マスター・サービサーからの移管を受けて不良債権の管理・回収を行なうスペシャル・サービサー、および正常債権の履行状況をモニタリングし、元利金回収を行なうプライマリー・サービサーに分かれている。日本の場合、未だ証券化が十分に発達していないこともあり、マスター・サービサー的機能を有する先は少なく、大半がスペシャル・サービサーとみられる。

4——銀行のサービサー、再生業務等へのかかわり

銀行はサービサー法の施行に伴い、不良債権処理を進めるため、回収を専門的に手掛けるサービサーを相次いで設立した(二〇〇四年一二月末現在金融機関系サービサーは二一社)ほか、IRCJ創設前後に、企業の合併・買収(M&A)や不良債権の証券化に豊富なノウハウを有する外資系投資銀行、証券会社等と資本・業務提携して企業再生子会社を設立する動きが相次い

だ。[12] 銀行としては不良債権処理を、企業再生を含め、前向きなビジネス・チャンスとしてとらえ、サービサー、再生子会社等の設立により不良債権の売買、回収、企業再生などに取り組む動きが目立った。これを雇用の流動化という観点から考察すると、銀行本体の業務はスピンオフ（本体から分社独立させる分業化）や、アウト・ソーシング（分社した子会社ないし第三者会社などに業務を外部委託する）などにより縮小したとしても、その分ほかでの雇用増につながり、金融業トータルではもちろん質的な面でのミス・マッチはあるが、不良債権処理の現場からみていると、それなりに雇用面での需要があるようにうかがわれる。

さらに、銀行はファンドへの出資や、（ノンリコース・ローンによる）貸出[13]を活発化しているほか、事業再生に向けた取り組みとしてＤＥＳ（債務の株式化）、ＤＤＳ（Debt Debt Swap：債務の劣後ローン化）、ＤＩＰファイナンス（再建型法的整理手続の申し立て後再建計画認可前の債務者に対する運転資金等の融資）、等に取り組む動きが活発化している。こうした取り組みは主要行と大手企業との関係から、中小・地域金融機関へも広がりをみせている。

特に、地域金融機関は金融庁が二〇〇三年春に出した「リレーションシップバンキングの機能強化に関するアクションプログラム」において、ファンドなどを使って中小企業の再生への取り組みを強化することが求められただけに、日本政策投資銀行、証券会社、ファンド等と共同で、地域再生ファンドを組成する動きが目立った。中小・地域金融機関五八六先の二〇〇二年〜二〇〇四年度のリレーションシップバンキングの機能強化に関するアクションプログラム

図表５－６　中小・地域金融機関（586先）のリレーションシップバンキングの機能強化に関するアクションプログラムに基づく取り組み実績

項目	期間（期中実績）		
	2002年度	2003年度	2004年度
企業再生ファンドへの出資額	29億円	106億円	157億円
デット•エクイティ•スワップ	3件，40億円	27件，173億円	26件，242億円
デット•デット•スワップ	－	6件，55億円	38件，216億円
DIPファイナンス	19件，54億円	112件，533億円	119件，175億円

資料）金融庁公表（2005年６月29日）結果。

の進捗状況を金融庁が公表しており（二〇〇五年六月二九日）、図表５－６に示してあるが、これをみるとさまざまな取り組みの実態がうかがわれる。

そもそも銀行の企業に対する見方を、土地担保を中心とする資産重視の視点から、事業の収益性やキャッシュ・フローを重視するよう切り替えていくことが必要で、そうすることによって銀行は、取引先の事業部門別の損益など経営状況をきめ細かく把握することができ、事業価値の毀損回避および向上に向けた取り組みが可能となる。その結果、銀行として取引先企業へのガバナンスを強化させることにより、不良債権の早期処理を進めるよう対応するとともに、企業再生に当たっても債権放棄にとどまらず、積極的にリファイナンスに応じるとか、優先株式を取得するなど前向きな取り組みが期待できることにつながろう。

歴史的、世界的に類をみない超金融緩和局面が続くなかで、実体経済への資金還流がはかばかしくなく、特にリスク・マネーの増加しないことが企業金融の円滑化と経済成長の阻害要因になっていると言われて久しく、リスクをとっていくことの必要性が強調されてきた。[14] リスク・マネーの定義は必ずしもはっきりしないが、不良債権処理や企業再生ビジネスは、市場原理に基づいた物件や企業価値の評価を行ない、リスクに見合ったリターンを追及していることから、そこに投下される資金はリスク・マネーと言える。銀行資金がこうした分野に向かうことは、経済全体の流れのなかで、資金の効率的な配分に資することとなる。ただ、成功すれば高い収益は得られるものの、元本保証がなく、投資の元手を失うリスクも高いことから、銀行自身のリスク管理はもとより、市場の整備が求められよう。

5——銀行の不良債権処理の状況と今後のファンド、サービサー等のあり方

一九九〇年代入り後、長期間にわたって銀行経営の重しとなってきた不良債権問題も、政府の相次ぐ処理対策の実施や景気回復傾向を背景に、主要行中心にようやく緩和の方向にある。こうしたことから、バルク・セールの対象玉であった破綻懸念先、実質破綻先、破綻先といった債権の市場への出回り量が減少してきている。ただ、地域金融機関の不良債権処理ははかばかしくなく、特に学校、病院、第三セクター等の処理が困難とみられる案件が依然として未解決であるとの指摘はある。

一方、国内外の各種ファンドの設立が相次ぎ、各ファンドとも買い意欲は極めて旺盛で、特に不動産ファンドの積極的な買い取りが目立ち、都市部にある一部の賃貸物件等はＲＥＩＴ(不動産投資信託)物件を含め、対象玉が払底状態にあると言われている。また、サービサーの数が増加しており、とりわけ後発組を中心に仕事量の確保を求める動きが極めて根強いとのことである。全体として売り手側の対象玉が減少しているのに対し、買い手側の購入意欲が極めて旺盛な結果、不良債権売買市場は過熱状態にあり、売買価格が大幅に上昇し、二〇〇三年始め頃からバブル状態にあるとさえ言われてきている。サービサー間の競争激化を映じ、サービサーの回収受託手数料の値引きサービスも広範化している。[15]

不良債権処理の一段落後、ファンド、サービサー等がどうやって生き残っていくかが課題となる。ファンドについては、「現存するファンドの七割はうまく運営していく運営者と仕組みがなく、五年後には消滅するのではないか」との厳しい指摘もあり、[16]不動産については今後の価格推移の見極め、企業再生については事業特化や営業・技術開発力の見直し、およびファイナンスにより企業価値を高めていく経営力の発揮が求められる。外資系のファンドの中には、この数年間で不良債権を買い取り収益を上げてきたが、銀行の不良債権処理が峠を越え、収益を上げるのが難しくなってきたとして、日本法人を清算するとか、ゴルフ場や温泉旅館を買い取り運営するとか、またＭ＆Ａ(企業の合併・買収)を手掛けるといった動きが広範化してきている。

サービサーの生き残りのポイントは、単なる回収業務だけでは駄目で、マスター・サービサー的機能の拡充と、再生業務への取り組みであろうし、またいかに差別化を進めていけるかということにかかっていようかと思われる。大手サービサーのなかには証券化の進展をにらみ、格付を取得し、マスター・サービサーへの取り組みを図る動きがみられるほか、銀行系サービサーを含め、回収業務から再生業務へ軸足を移している先も目立つ。ただ、再生分野における競争も、各種ファンドも交え相当に厳しくなってきており、案件発掘、要員確保、再生スキルの習得等の面で、いかに拡充できるかが、今後の課題と言える。

また、なかには米国で住宅ローン、カードローン等の小口債権を取り扱う会社数が多いことから、システム面の整備を図り、個人向けに特化する動きもみられる。もっとも米国ではコマーシャル・サービサーの淘汰が進んだが、日本ではかつて弁護士法で規制されていた分野への進出であり、まだまだ拡大の余地が残っているとの見方も多く、今後銀行としてはビジネス・モデル全体のなかで、ファンド、サービサー業務の位置付けをどうするのか考えていく必要があろう。

また、大手行では前述のとおり二〇〇二～二〇〇三年頃にかけて不良債権の売却とあわせ、不良債権を本体から分離移管して集中管理するため、不良債権処理の専担部署を設置したり、事業再生専門会社の設立、事業再生ファンド会社への出資、融資等を行なってきたが、二〇〇五年度入り後、不良債権処理のめどが立ったとして、不良債権処理の専門部署の廃止が相次いで報道されている。[17] 今後はこれまでの不良債権処理で培ったノウハウを生かし、企業再生ビジネスに取り組むための新部署の設置や、企業再生ファンドへの投資、企業の合併・買収（M&A）ファンドへの融資などの業務を拡大し、従来の不良債権の後始末処理から前向きの業務に転じ、収益機会の拡大を図りたいとする向きが多い。

（1） RCCの健全金融機関（当初は一般金融機関と呼称）からの資産買い取りは、金融再生法第五三条第一項第一号ニに基づき銀行、信用金庫、信用組合、労働金庫、信金中央金庫、全国信用協同組合連合会、労働金庫連合会、農林中央金庫等が対象である。買い取り対象債権は破綻先、実質破綻先または破綻先に区分される債権である。本制度発足に際し、預金保険機構・RCCは本制度の特徴・メリットとしてホーム・ページで、①持ち込み金融機関側に回収その他の債権管理、バック・ファイナンス等の必要性がない完全な買い切り制度であること、②買い取りに当たり、預金保険機構で外部の委員からなる買取価格審査会において審議するほか、金融再生委員会（当時）での承認手続きにより買取価格の適正性が確保されること、③預金保険機構の罰則付調査権、RCCの回収ノウハウ等の活用により、利害関係が複雑な債権等一般的には取り扱いが難しい債権でも買い取りが可能であること、④金融機関にとって不良債権の需給動向に左右されない適正価格による安定的かつ計画的な不良債権の処理が可能であること等の点を強調した。

（2） 預金保険機構とRCCは共同で「金融再生法第五三条買取りに際しての時価についての考え方」をとりまとめ、二〇〇二年一二月二〇日付でホーム・ページに掲載した。そこでは時価について、二〇〇一年秋の金融再生法改正時の国会で「一般的に、その時点におけるその物が売買される実際の価格」との答弁が改正法案提案者によって行なわれていることから、一般的な考え方は①「その時点において一般にその物が取引されている実際の価格と考えられる価格」（有斐閣法律用語辞典）であり、②一九九九年一月二二日企業会計審議会「金融商品に係る会計基準」では「時価とは公正な評価額をいい、市場において形成されている取引価格、気配又は指標その他の相場（以下、「市場価格」という。）に基づく価格をいう。市場価格がない場合には合理的に算定された価格を公正な評価額とする。」と述べられているとしている。また、不良債権買取価格が「時価」として妥当なものか否かは、他の買い手との競争の中で、買い手方の呈示価格が売り手金融機関によって選択されているかどうかが重要な判断材料となると考えられるとした。

（3）　高尾義彦氏によると、RCCの役割について中坊公平RCC初代社長は、民間サービサーとRCCとの「住み分け」を考えており、「向こうもサービサーとして競合関係にあるが、お互いに回収すべき債権を奪い合うようなことがあってはならない。わが社は、公的資金が投入された金融機関の不良債権回収、悪質な不良債権の回収に特化したい。預金保険機構の特別調査権が付与されていなければ回収が難しいような債権を、我々がやる。ごみ掃除のような地味な仕事だが、ちゃんとやらんといかん」（『中坊公平の修羅に入る』毎日新聞社、一九九九年、八六～八七頁）と述べていたとのことである。岡内幸策氏も「不良債権の売り手である銀行などは、バルクセール（一括売却）が可能なものは一般のリスクテイカーに、複雑で時間がかかり、かつやっかいで買い手が付かないようなものはRCCに、と使い分けを行っています」（『不動産流動化入門〈改訂版〉』東洋経済新報社、二〇〇一年、三三頁）と指摘している。

（4）　経済産業省経済産業政策局長の私的研究会「企業活力再生研究会」の中間とりまとめ「今後の事業再生メカニズムの在り方について」（二〇〇五年五月一七日）は、「金融再生法五三条による買取機能は平成一七年三月で期限を迎えたが、地域金融機関における不良債権処理が未だ進んでいない現状の中、地域における事業再生を促進させていく観点からは、特定地域や対象金融機関に限って当該業務の延長を求める声もある一方で、不良債権処理の受け皿となるべき民間部門が伸張し、民間ベースでの処理が円滑に進むようになっていく中で、官民の役割分担の観点からは、当該業務の延長が必須という状況ではないとの声もある」と指摘している。

（5）RCCの企業再生業務の詳細については、整理回収機構編『RCCにおける企業再生』金融財政事情研究会、二〇〇三年、参照。RCCの再生業務は①住専および破綻金融機関から譲り受けた既に保有済みの債権、②金融再生法第五三条に基づき健全金融機関から買い取った債権について手掛ける場合と、③RCC企業再編ファンド＝再生受託業務のケースがある。このうち企業再編ファンドはRCCがメイン・バンクの依頼を受けて、メイン・バンクと債務者が策定した再建計画を検証後、RCCが中立・公平な立場で金融債権者間の調整、合意取り付けを行なう。合意後、金融機関の債権を民間投資家の資金で組成されるRCC企業再編ファンドへ売却してもらうことになる。これは信託の一形態である金銭信託以外の金銭の信託（金外信）により、投資家が資金を出し（信託委託者）、この資金で信託受託者（RCC）は債権を購入し、購入した信託財産の管理・運営を請け負うという仕組みである。この他にもRCCは信託機能を活用して、銀行から不良債権を買い取るのではなく、信託を受け、RCCの調整機能等を活用して再生を図ろうとする「中小企業再生型信託」、「再生・調整型管理信託」や証券化による「企業再生サポート証券化型信託」等がある。

（6）「日本経済新聞」（二〇〇五年三月二五日）によると、元本ベースの買取額は一兆円超であるが、実際の買取額は約六〇〇〇億円超とみられ、これに総額で約三四〇〇億円（債務の株式化を含む）の出資を行なっており、投入総額は約一兆円と推計されるとのことである。

（7）高木新二郎氏は、不良債権処理のための資産管理会社（AMC）は時限立法で作られているのが特徴であり、成功例と言われている世界のAMCで延命した例はみられず、したがって二〇〇五年三月末のIRCJの買取期限も延長すべきではなく、今後は民間部門に任せるべきと述べている（「早期事業再生の現在と近未来」『事業再生と債権管理』、第一九巻一号、二〇〇五年四月五日号)。また、翁百合氏も、IRCJは事業再生分野において民間部門で経験が浅くリスクをとり切れない時期に、公的機関として取り組み、目的を達成してきており、今後は撤退し、民間部門での円滑な運営に任せるべきであるとの見解を示している(「政府、不断の事業見直しを」「日本経済新聞」二〇〇五年五月一二日)。

(8) 『日経ビジネス』(二〇〇五年四月二五日・五月二日号)によると、産業再生機構の冨山和彦代表取締役専務兼COOは「政府系が介入するのは必要最小限でいい。本当に問題が起こったら、また作る。そのメリハリが大事だ」、「今後、日本の政策体系の中に、市場メカニズムの限界が露呈した時の対応策を、合意された普通の政策手段として定着させていくことが大事」と述べている。また、玉置直司氏は、韓国の経済構造改革の断行の実態を詳細にフォローしているが、そのなかで金融と産業を一体とした再生の重要性が述べられ、それがいずれも初めは政府主導で行なわれ、ある程度危機克服の道がみえてきた時点で、銀行主導の産業再生といったあるべき姿に変わってきていると説明している(『韓国はなぜ改革できたのか』日本経済新聞社、二〇〇三年)。

(9) 和田勉氏は、投資対象のパターンを「エクイティ」(株式)と「デット」(借金)に分け、それぞれの投資類型を詳細に説明している(『事業再生ファンド』ダイヤモンド社、二〇〇四年、五一〜六六頁)。

(10) 柳川範之十柳川研究室編著『不良債権って何だろう?』東洋経済新報社、二〇〇二年、二一六〜二一七頁。

(11) 米国のサービサーの実情については北見良嗣・坂田吉郎『サービサー法の解説』金融財政事情研究会、一九九九年、第一部序章、第一章参照。

(12) 高木新二郎氏によると、銀行はメイン・バンクとして与信先企業の再建に主導的な役割を担ってきており、自分達こそが再建のプロであるという誇りがあったことから、ＩＲＣＪスタート時、銀行出向者の取り扱いを巡りＩＲＣＪと銀行との間でトラブルが生じたこともあり、ＩＲＣＪを利用しないで銀行自身で作った再生子会社を使って不良債権を処理しようとしたと思われると指摘している（「早期事業再生の現在と近未来」『事業再生と債権管理』、第一九巻一号、二〇〇五年四月五日号）。

(13) 例えばファンドが一〇〇の資金について全額投資家に依存する場合、一〇％の利回りを要求されると一〇以上の利益を上げる必要があるが、このうち六〇について銀行借り入れが可能であるとすると、低金利下、一％の借入金利の場合なら六〇×〇・〇一＝〇・六と、投資家への一〇％配当四〇×〇・一＝四を合計した四・六以上の利益で済むことになり、ファンドの高値買いに拍車がかかることになる。ファンドとしては、いかに借入金のウエイトを増やしてレバレッジ（テコ）効果を高め、投資の収益性をあげていけるかがポイントとなる。

(14) 福井俊彦日本銀行総裁講演記録「日本経済の将来の発展に向けて」（二〇〇三年七月二三日）では、リスクをとることの必要性と、リスクをとった場合、それに応じたリターンが得られるような仕組みを整備することの必要性を強調している。

(15) こうした不良債権売買市場の状況については、日本銀行「二〇〇三年度決算からみた銀行経営の動向」『日本銀行調査月報』（二〇〇四年八月号）参照。

(16) 『日経ビジネス』（二〇〇四年一一月二九日号）、「日経金融新聞」（二〇〇五年一月二四日）等における佐山展生一橋大学大学院教授の見解。

(17) 「読売新聞」（二〇〇五年四月七日）、「日本経済新聞」（二〇〇五年四月二六日）等。

第六章　銀行業の将来展望

日本の銀行にとって今後の最大の課題は、バブル経済の反省に立って、二度とこういった事態を招来しないよう、これを回避すべき態勢の構築を行なうことであろう。そのためには、結局は自由化が不完全なまま、過度の間接金融依存体制のもと、銀行へリスクが集中した点の見直しを図ることであり、市場型間接金融への転換の動きが進んでいる。このような流れのなか、資産担保証券化、貸出債権売買、シンジケート・ローン貸出、金融コングロマリット化が活発化している。また、地域金融機関の場合は、メガ・バンクとは異なったビジネス・モデルの確立が模索されている。しかし、こうした取り組みに際しては、リスク管理への対応に十分留意すべきであり、とりわけリスクが多様化・複合化していることから、各種のリスク管理を包括的に行なう、統合リスク管理の必要性が求められる。統合リスク管理に基づき、リスク管理態勢の整備・拡充に努め、収益の向上、効率的経営を図ることによってのみ、銀行はビジネス・チャンスに満ちている自由化時代を生き延びていくことが可能となる。

1——市場型間接金融

これまで述べてきた点について、本書のテーマである銀行行動の面からまとめてみると、右肩上がりの経済に対する期待、思い入れ、ノスタルジアから、また横並び意識も依然として払拭されていないなか、なかなか思い切った行動のとれなかった銀行が、主要行中心ではあるものの、ようやく不良債権処理に本腰を入れ、その結果が出始めてきていると言える。不良債権問題と景気との関係は、どちらが原因か結果か因果関係は必ずしも明確ではないものの、景気回復傾向が鮮明となり、一部都市部の土地や証券投資対象の物件については、ミニ・バブル現象さえ起きているというのが現状のようである。

こうしたなか、今後の銀行業を展望する場合、何と言っても大きな痛手を被ったバブル経済の反省に立って、二度とこういった事態を招来しないよう、これを回避すべき対応、方策を検討していくことが重要であろう。不良債権問題はバブル崩壊に起因するところの日本経済全体にとっての損失、含み損であったにもかかわらず、過度の間接金融依存体制のもと、金融自由化が漸進的に、しかも不徹底にしか進められなかった面も加わり、その付けが一挙に銀行サイドに重くのしかかり、しかも銀行のリスク管理が十分でなく、銀行が過度のリスクを負担することになった結果とみることができる。

間接金融偏重のもとでは、銀行は不動産担保を中心に顧客との長期的なリレーションシップを前提に、貸出以外の取引も含めた総合的な採算を重視した、相対によるコーポレート・ファイナンスを行なってきた。経済の高度成長が続き、資金需要が強く、地価が上昇を続けている状況では、こうしたシステムは合理的でかつ有効に作用してきた。しかし、高度成長の終焉とその後の不良債権問題の発生に伴い、システムに内包されていた問題点が顕現化するに至り、銀行への過度のリスク集中を避けるため、バブル崩壊後最大の問題であった信用リスクの分散が模索されることとなる。(1)

福井俊彦日本銀行総裁講演記録(1)では、貸出やCP、社債等の伝統的なクレジット市場のほか、シンジケート・ローンや資産担保証券、クレジット・デリバティブ（銀行が貸付債権にかかる貸倒リスク等の信用リスクを、企業との取引関係を維持したまま第三者にリスクのみ引き受けてもらう取引）といった信用リスクの分散を図る、新たなクレジット市場を発展させていくことが大切であると述べている。また、二〇〇三年七月に金融担当大臣の私的懇話会である「日本型金融システムと行政の将来ビジョン懇話会」により「金融システムと行政の将来ビジョン」が公表されたが、そこでは銀行中心の預金・貸出による資金仲介（産業金融モデル）から、価格メカニズムが機能する市場を通ずる資金仲介（市場金融モデル）システムへの再構築が重要であると謳

図表6－1　日本版市場型間接金融

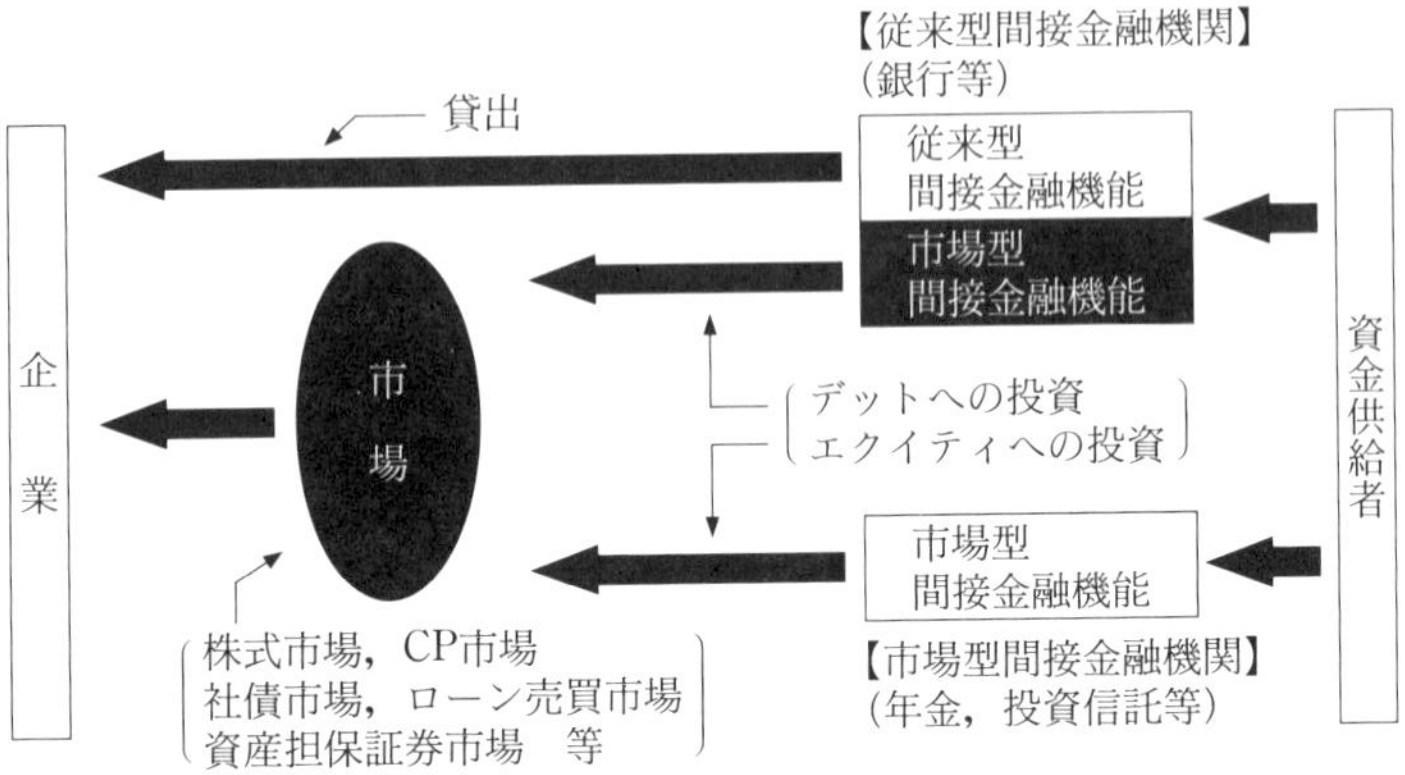

出所）高田創・柴崎健『銀行の戦略転換』東洋経済新報社，2004年，33頁。

われている。こうした考え方の前提には、従来の間接金融（借り手と貸し手の一対一の融資契約を結ぶ相対型間接金融）から、市場を通じることによって銀行以外にも広くリスクを負担させる、市場型間接金融の広がりが想定されている。

市場型間接金融は間接金融と直接金融の中間に位置するものであり、具体的には図表6－1に示されるように、銀行が資金余剰部門と資金不足部門間の資金仲介機能を担うものの、従来の相対型の貸出だけでなく、資産担保証券やシンジケート・ローンといった多様な運用手段を活用するとか、個人等の資金が投資信託、年金、ファンド等を通じ市場化された商品である社債、CP、証券化商品へ投資されるといった仕組みである[2]。この結果、銀行に集中していたリスクが、市場全体で投資家に広く薄く分担されるほか、市場を通じることによって、リスクとリターンが的確に評価され、それに基づいた適正な価格での取引を行なうことが可能となる。

2——資産担保証券化

銀行による市場型間接金融の流れとしては、まず金銭債権、(担保)不動産等の資産の証券化(セキュリタイゼーション)の手法があげられる。[3] 証券化は図表6-2に示されるように、債権者、資産の保有者(オリジネーター)がSPC(Special Purpose Company:特別目的会社)へ資産を売却し、SPCはそれらの資産を担保(資産から生じるキャッシュ・フロー等)に、資産担保証券(ABS)を発行し、投資家に販売する。資産証券化にかかる資産の管理・回収に当たっては、オリジネーターないしはその関連会社がサービサーとして担当し、資産証券化された証券はリスク評価に関し信用格付が行なわれ、また信用リスクや流動性リスクを軽減するための手段として、銀行、損害保険会社、信用保証会社等による信用補完が行なわれる。

銀行は証券化の手法を用いることによって、債権を満期まで持ち続ける必要がなく、信用リスク、金利リスクを分散でき、期の途中で現金化でき、さらなる新規投資が可能となる。投資家サイドでも資金運用難のもとでは、こうした証券化商品について、潜在的ニーズは強いものとみられる。なお、証券化商品の購入については、機関投資家のみならず、資金運用に苦慮す

図表6－2　資産担保証券化の典型的仕組み

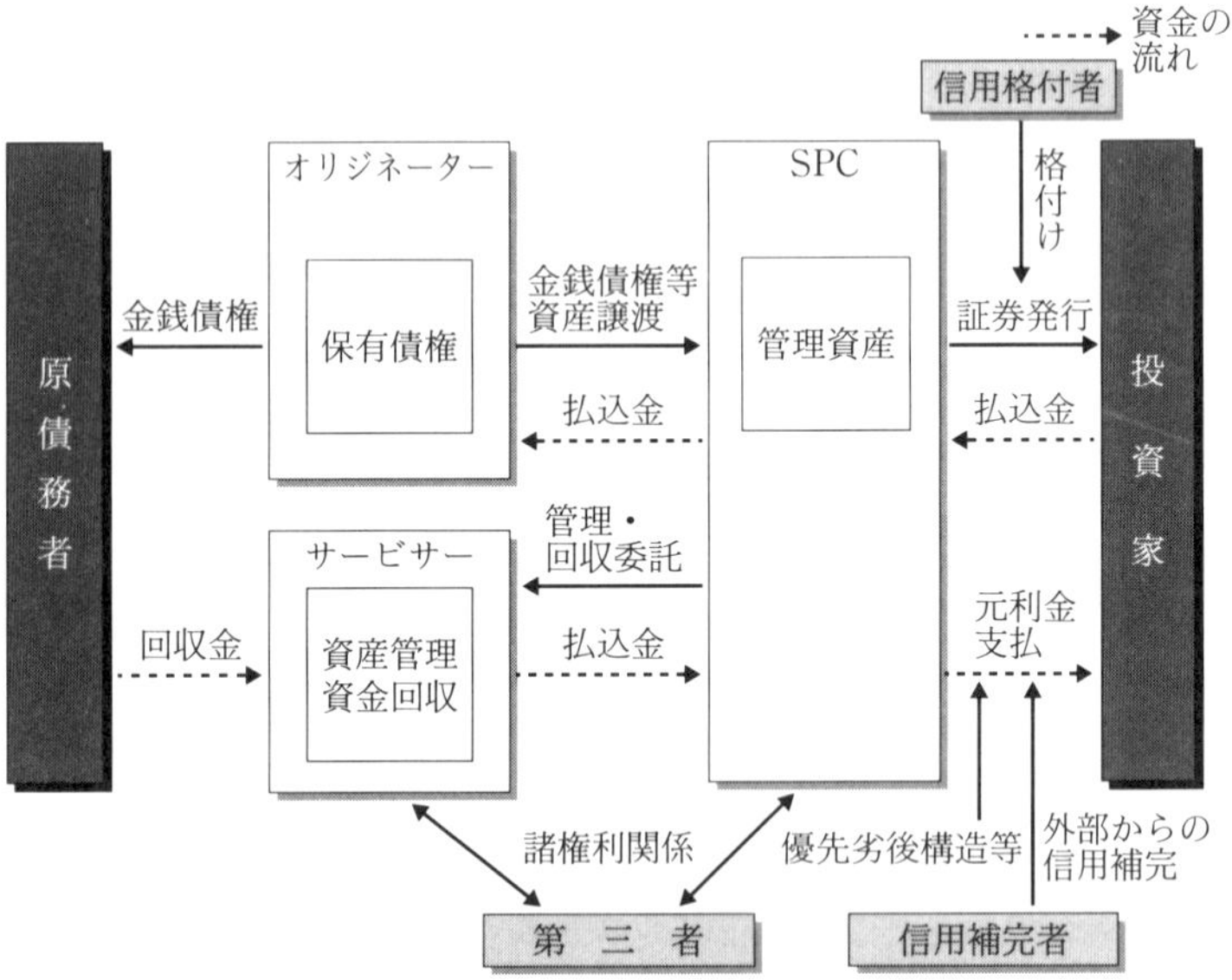

出所）鹿野嘉昭『日本の金融制度』東洋経済新報社，2001年，280頁。

る地域金融機関等の買い入れ意欲も根強い。また、銀行がこれまで丸ごと抱え込んでいた金融機能をひとまずバラバラに分解し、最も使い勝手がよいように組み直すといった、アンバンドリングの手法としても有効である。

資産を担保とする証券化市場は、一九九三年の特定債権法（「特定債権等に係る事業の規制に関する法律」）の施行をもって始まった。特定債権法は債権譲渡にかかる対抗要件具備の手段として、民法とは別の簡便な公告制度を導入したことに意義があった。特定債権法はリース・クレジット債権の流動化や証券化を図るものであり、その後のわが国の流動化・証券化商品のストラクチャリングの先例を示し、資産担保証券化の土壌を作ることになったと言われる。その後、銀行の保有する資産の流動化に関しては、不良債権処理の促進といった要請から、前述の一九九八年のSPC法（その後二〇〇〇年に資産流動化法〈「資産の流動化に関する法律」〉に改称）、債権譲渡特例法、サービサー法が相次いで制定されたことにより、次第に確立してきた。

特に債権譲渡特例法において、リース・クレジット債権に限らず、幅広い種類の債権譲渡に関し、登記による簡便な方法での対抗要件の具備が可能となった。銀行の証券化は住宅ローン、無担保個人ローン、不良債権等を対象に行なわれており、複数の中小企業者向けの貸付債権を担保に証券化したCLO（Collateralized Loan Obligation）の発行を前提にした融資なども、実行されている。わが国の資産流動化に関する統計は、必ずしも十分整備されていないが、銀行は流動化対象資産として、リース・クレジット債権の増加が頭打ちとなっている一方で、それ以外の債権、特に住宅ローン債権や消費者ローン債権が大幅な増加を示していることが指摘されている。(5)

住宅ローンは事故率が低く、債権の均質性が高いことから、プール化による証券化に適しているとされる。銀行は住宅ローンの証券化（特にRMBS〈Residential Mortgage Backed Securities〉と呼称）に積極的で、これは借り手が長期固定型のローンを選択する傾向が強いなか、銀行として将来の金利上昇に備え、証券化による切り離しを図ろうとするものである。(6)なお、銀行の長期・固定金利の住宅ローンについては、条件を満たすものについては、住宅金融公庫が二〇〇三年一〇月以降、この債権を買い取って証券化して、投資家に転売する業務を開始している。また、日本銀行ではクレジット市場活性化に向けた取り組みとして、一九九九年にオペレーションの担保としてABSを適格担保としたほか、二〇〇三年七月以降はABSの直接購入を実施している。

3——貸出債権売買

次に貸出債権の売買、ローン・トレーディングがあげられる。銀行の不良債権処理から発展した貸出債権売買は、取引の対象が要注意債権を含む正常債権にも広がってきている。日本銀行の資料によると、図表6-3に示されているように、全国の銀行が二〇〇三年度と二〇〇四年度に流動化した、国内法人向け貸出の総額は一八兆三九二一億円で、このうちの五割強（一〇兆六四九億円）が正常債権で、残り（八兆三二七二億円）が要管理先以下の不良債権である（件数でみると、不良債権の方が正常債権よりやや多い）。

流動化の方式をみると、不良債権の場合は指名債権の譲渡が大半であるが、正常債権では指名債権譲渡方式（二七・二%）、信託方式（二六・一%）に比べ、ローン・パーティシペーション

図表６－３　貸出債権の流動化実績

（単位；件，億円）

⑴ 正常債権

	2003年度計	各構成比(%)	2004年度計	各構成比(%)	合計	各構成比(%)
件数・合計	3,011	100.0	1,518	100.0	4,529	100.0
指名債権譲渡	485	16.1	760	50.1	1,245	27.5
信託方式	495	16.4	195	12.8	690	15.2
ローン・パーティシペーション	2,031	67.5	563	37.1	2,594	57.3
金額・合計	67,002	100.0	33,647	100.0	100,649	100.0
指名債権譲渡	12,665	18.9	14,697	43.7	27,362	27.2
信託方式	18,423	27.5	7,845	23.3	26,268	26.1
ローン・パーティシペーション	35,914	53.6	11,105	33.0	47,019	46.7

⑵ 正常債権の流動化実績における指名債権譲渡先別の内訳

	2003年度計	各構成比(%)	2004年度計	各構成比(%)	合計	各構成比(%)
件数・合計	480	100.0	742	100.0	1,222	100.0
金融機関向け	427	89.0	665	89.6	1,092	89.4
SPC向け	53	11.0	77	10.4	130	10.6
金額・合計	12,303	100.0	14,614	100.0	26,917	100.0
金融機関向け	5,697	46.3	11,545	79.0	17,242	64.1
SPC向け	6,606	53.7	3,069	21.0	9,675	35.9

⑶ 不良債権

	2003年度計	各構成比(%)	2004年度計	各構成比(%)	合計	各構成比(%)
件数・合計	2,171	100.0	2,619	100.0	4,790	100.0
指名債権譲渡	2,164	99.7	2,606	99.5	4,770	99.6
信託方式	6	0.3	5	0.2	11	0.2
ローン・パーティシペーション	1	0.0	8	0.3	9	0.2
金額・合計	41,258	100.0	42,014	100.0	83,272	100.0
指名債権譲渡	40,440	98.0	41,180	98.0	81,620	98.0
信託方式	741	1.8	295	0.7	1,036	1.3
ローン・パーティシペーション	77	0.2	539	1.3	616	0.7

注１）対象金融機関は，都市銀行，信託銀行（信託子会社，外銀信託を除く），地方銀行，第二地方銀行，あおぞら銀行，埼玉りそな銀行，新生銀行。
　２）国内店勘定（円貨＋外貨）の居住者（法人）向け貸出。
　３）不良債権は，「金融検査マニュアル」における要管理先以下の債務者に対する債権とする。
　４）整理回収機構および産業再生機構に対する売却等も含む。
　５）金額は，額面（償却前の債権金額）ベース。

資料）日本銀行ホームページより作成。

（原契約上の債務者と貸出銀行間の債権・債務関係を移転させずに、貸付債権の経済的利益とリスクを移転させる貸出債権の譲渡方式）が全体の約半分を占めている（件数ベースでは約六割）。正常債権の場合は、銀行が債務者との債権・債務関係を移転させずに、温存させながらリスク分散を進めようとするとの意向を反映したものとみられるが、そのウエイトは徐々ではあるが減少してきており、指名債権譲渡方式による債権譲渡の割合が増える方向にある。また、正常債権の流動化実績における指名債権譲渡先別の内訳をみると、証券化等を前提にするとみられるSPC向けよりも、金融機関向けに直接譲渡する方式が件数で九割、金額で六割強と多い。

銀行はかつては一回貸し出しを実行すると、満期まで保有する、ないしは書き換えを継続するのが一般的で「擬似エクイティ」とも言われるように、貸出か株式かわからず、信用リスクをずっと持ち続けていたのが実態であった。しかし、貸出債権を流動化（売買）することは、貸出債権にかかる業種別、企業規模別、地域別、期間別のポートフォリオの管理を行ない、信用リスクの分散や金利リスクの軽減化を図ることが可能となる。

また、資産圧縮による自己資本比率の改善が図られ、運用機会が拡大し、収益チャンスも生まれることになる。メガ・バンクは主として売却による信用リスクや、金利リスクの分散・軽減化を目的に、地域金融機関は買い取りによる運用機会の拡大を図るとともに、貸出先が特定地域に集中するリスクの回避を図ることを目的とすることが多い。今後は貸出債権を継続してもち続けるのか、あるいは途中での流動化を前提とする投資型とするのかを、分けて考えることが重要となる。

貸出債権の売買は欧米では一九九〇年頃から形成され、一般的な取引となっていたが、日本では融資形態が個々のプロジェクトを対象とするのではなく、法人そのものに対して融資するコーポレート・ファイナンスが中心であり、もともと貸出債権の売買は想定されておらず、法制度も整備されてこなかった(債権譲渡は民法四六六条で認められており、債務者は譲渡禁止の特約がない限り、借り入れをした時点で債権を譲渡されることを黙示的に同意しているものと推察される)。しかし、その後自己資本比率の改善や貸出ポートフォリオの管理のため、次第に関心が高まり、二〇〇一年に「日本ローン債権市場協議会」(JSLA)が設立され、また全国銀行協会でも「貸出債権市場協議会」を開催するなどして、貸付債権売買契約書の雛型作り等のインフラ整備、制度改革等の環境作りが行なわれてきた。

二〇〇五年三月に発表された金融改革プログラムの実施手順を示す工程表でも、大手行に対し貸出債権の転売市場をより活用する計画を提出するよう求めている。貸出債権売買市場は、今後は①本邦金融機関の買い手としての参入、②地方金融機関、ファンド等の売り手の拡大、③売却債権が要管理、要注意債権まで拡大するといった変化を伴いながら、再拡大していくものと予想されている(7)。

4――シンジケート・ローン

こうしたなか、市場性を備えた貸出形態としてシンジケート・ローン（協調融資）のウェイトが増加している。シンジケート・ローンはアレンジャーである銀行が複数の銀行をとりまとめて実行するもので、①同一条件・契約書に基づく貸出であること、②金利等貸出条件の設定に当たり、「市場価格」が反映されていること、および③将来譲渡される可能性のあることが契約に織り込まれていること等が特徴である。調印後は参加金融機関の代理人としてエージェント（通常はアレンジャー業務を行なった金融機関がエージェントに就任）が、契約条項の履行管理や元利金の支払いなどの事務を一括代行して実施する。また、借り手と銀行との契約には、「コベナンツ」（融資契約において債務者が契約の有効期間中に遵守すると誓約した条項）が設けられており、借り手は財務の健全性維持や、情報開示などを銀行に確約するもので、エージェントはこれに基づき借り手の遵守状況をチェックしリスク管理を行ない、場合によっては期中でも貸出条件の変更を行なうことが可能である。言わばルールに基づいたドライな貸出であり、銀行と借り手の間には常に緊張関係が存在している状況にある。

シンジケート・ローン市場が発達し、流通市場が活発化することにより、図表6-4に示さ

図表6－4　シンジケート・ローン市場の発展により期待されるメリット

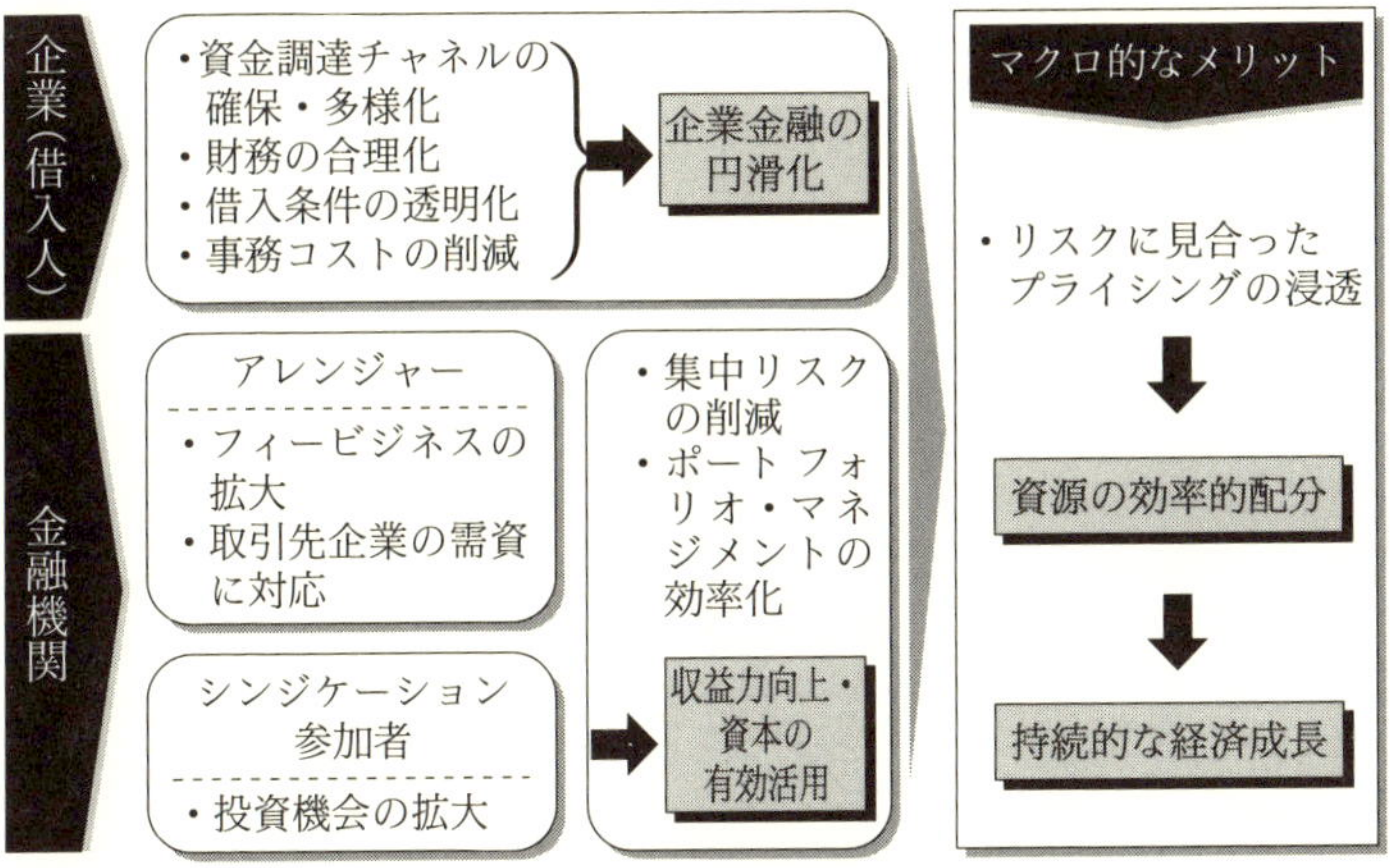

出所）鴛海健起・柳宏樹「新たな発展段階を迎えたわが国のシンジケートローン」『金融ジャーナル』2005年3月号。

れているように、アレンジャーは、①複数の金融機関の参加により、信用リスクを分散することができるうえ、②アレンジャー、エージェントにかかわる手数料収入という新たな収益機会の獲得が可能となること、③多数の金融機関をとりまとめ、多額の融資を可能とすることで、借り手企業に対する発言力の強化を図ることができること等のメリットがあげられる。また、参加金融機関は、①通常の融資業務と比べ事務手続きの簡略化が図れること、②資産の運用機会の拡大が図れる一方、自己の裁量の範囲内での参加が可能であること、③流動化により信用リスクの分散、収益機会の拡大が図れるといったメリットが期待できる。

日本銀行の統計によりシンジケート・ローンの組成状況をみると、図表6－5に示

図表６－５　シンジケート・ローン組成状況

（単位；件，億円。かっこ内は2004年12月末残高）

(1) 組成実績

	2003年度計		2004年度計		合計	
		各構成比(%)		各構成比(%)		各構成比(%)
組成件数	1,937	100.0	2,619	100.0	4,556	100.0
ターム・ローン	1,145	59.1	1,607	61.4	2,752	60.4
コミットメント・ライン	792	40.9	1,012	38.6	1,804	39.6
組成金額	190,680	100.0	216,250 (250,877)	100.0 (100.0)	406,930	100.0
ターム・ローン	72,071	37.8	81,415 (128,703)	37.6 (51.3)	153,486	37.7
コミットメント・ライン	118,609	62.2	134,835 (122,174)	62.4 (48.7)	253,444	62.3

(2) 組成実績の株式「上場・公開企業」・「非公開企業」別の内訳

（「上場・公開企業」）

	2003年度計		2004年度計		合計	
		各構成比(%)		各構成比(%)		各構成比(%)
組成件数	960	100.0	1,008	100.0	1,968	100.0
ターム・ローン	392	40.8	392	38.9	784	39.8
コミットメント・ライン	568	59.2	616	61.1	1,184	60.2
組成金額	138,249	100.0	144,380 (162,761)	100.0 (100.0)	282,629	100.0
ターム・ローン	39,282	28.4	35,983 (64,107)	24.9 (39.4)	75,265	26.6
コミットメント・ライン	98,967	71.6	108,397 (98,654)	75.1 (60.6)	207,364	73.4

（「非公開企業」）

	2003年度計		2004年度計		合計	
		各構成比(%)		各構成比(%)		各構成比(%)
組成件数	977	100.0	1,611	100.0	2,588	100.0
ターム・ローン	753	77.1	1,215	75.4	1,968	76.0
コミットメント・ライン	224	22.9	396	24.6	620	24.0
組成金額	52,431	100.0	71,870 (88,116)	100.0 (100.0)	124,301	100.0
ターム・ローン	32,789	62.5	45,432 (64,596)	63.2 (73.3)	78,221	62.9
コミットメント・ライン	19,642	37.5	26,438 (23,520)	36.8 (26.7)	46,080	37.1

注１）対象金融機関は，都市銀行，信託銀行（信託子会社，外銀信託を除く），地方銀行，第二地方銀行，あおぞら銀行，埼玉りそな銀行，新生銀行。
　２）国内で組成されたシンジケート・ローン。
　３）国内店勘定（円貨＋外貨）の居住者（法人）向け。
資料）日本銀行ホームページより作成。

されるように、組成金額は二〇〇三年度と二〇〇四年度の合計で四〇兆六九三〇億円に達し、二〇〇四年一二月末の残高は二五兆八七七億円と、国内銀行の法人向け貸出残高（二〇〇四年一二月末）二七四兆七〇四〇億円の九・一％となっている（シンジケート・ローンの残高が公表された二〇〇四年九月末の八・八％に比べ上昇）。組成件数では、ターム・ローン（一般的な貸出で中長期事業資金が中心）が、件数では全体の六割を占めている一方、組成金額ではコミットメント・ライン（借り手企業と銀行とが、あらかじめ合意した期間・金額の範囲内で、借り手企業の要請に基づき銀行が貸出を行なうことを法的に約束する契約）が六割強を占めている。残高ベースでは、二〇〇四年一二月末でターム・ローンがコミットメント・ラインを若干上回っている。与信先企業規模別では大企業中心の上場・公開企業が頭打ちとなっているが、中堅・中小企業が多くを占める非公開企業が高い伸びを示している。なお、形態別には上場・公開企業がコミットメント・ライン中心であるのに対し、非上場企業はターム・ローンのウエイトの高いのが特徴(8)である。

なお、貸出債権売買やシンジケート・ローンの動向について、先進国である米国の発展過程を日本銀行レポート(9)によってみると、わが国のこうした取引への示唆がうかがわれる。米国でシンジケート・ローンや債権売買が活発化したのは一九九〇年代半ば以降で、大手米銀は一九九〇年代後半に不良債権を積極的に売却し、その後正常債権の分野に拡大していったと言われている。シンジケート・ローンは一九八〇年代にM&Aファイナンスの資金需要にこたえる手段として第一次ブームが起こった後、一九九二年頃からは投資適格企業向けリボルビング・クレジット・ファシリティ(定められた期間および限度枠内で、企業が自由に借入・返済を行なう契約)を中心に回復し、その後一九九〇年代半ば以降シンジケート・ローン組成市場と、ローン債権売買市場が相乗効果をもって拡大してきたとのことである。また、米国では一九九五年に大手米銀が中心となり、ローン債権市場の整備を目的とする協会（ＬＳＴＡ：Loan Syndications and Trading Association）が設立され、ローン債権売買の契約書の雛形や取引ルールの明確化等が行なわれている。

5――金融コングロマリット

バブル時の問題のひとつが銀行に資金が集中し、銀行が運用を一手に引き受け、すべてのリスクを銀行が負ってしまったということであったが、その後運用の対象は投資信託、ファンド、証券化商品へと着実に広がってきている。こうしたなか、メガ・バンクでは銀行・証券・保険を中心としたコングロマリット(相互に関連のない異業種企業がまとまって、複数の種類の事業を多角経営する巨大複合企業グループ）化による総合金融サービスの方向が打ち出されている。金融庁は二〇〇四年末に公表した金融改革プログラムで、金融コングロマリット化に対応した金融している。

法制の整備を掲げ、その後公表された工程表では、二〇〇六年度から金融審議会で検討すると
二〇〇五年六月に金融庁が公表した金融コングロマリットを監督するための指針によると、金融コングロマリットの具体的な組織形態としては、①金融持株会社、および②事実上の持株会社（非金融機関である持株会社）が銀行、証券会社等の二業態以上の子会社を有するケース、③銀行、保険、証券等の金融親会社が親会社と異なる業態の子会社を保有するケース、④外国の法令に準拠して設立された金融持株会社等の法人で、国際的に前記①〜③の形態の金融コングロマリットを形成する会社が、日本国内に銀行、保険等の支店または子会社を保有するケースの四つのタイプが提示されている。

金融コングロマリット化は、銀行が多業種の業務をひとつの店舗で取り扱うワンストップ・ショッピングで、①多業種の商品を扱うことによる収益拡大と固定費の節減等の収益増強と、②多種類の金融業務の展開による全体的なリスク分散、③さらには革新的な商品開発や多種類の商品を使ったリスク分散等のメリットが期待されている。

もともと欧州では、銀行・証券・保険などすべての金融業務を取り扱うユニバーサル・バンキングが行なわれていたが、米国や日本では銀行の健全経営の立場からみて好ましくないとの考え方から、銀行の証券業務兼営は認められていなかった。しかし、金融グローバル化の流れのなかで、日本では一九九三年に子会社方式による銀行と証券の相互参入が認められ、米国で

は一九九九年のグラム・リーチ・ライブリー法の制定により銀行と証券の兼業が認められ、一九九〇年代末から多様な金融サービスを手掛けてきた総合金融機関の存在を追認するかたちとなった。

しかし、米国で金融コングロマリットの代表例とされるシティ・グループが、二〇〇五年の始めに生命保険、年金部門の売却を発表するなど、コングロマリットのメリットは必ずしも明確でない。要は個々の銀行が自由化のなかで、すべて自前の効果の上がらぬ総花的な経営ではなく、市場競争を通じて最も効率的な組み合わせを選択し、ほかと差別化できるスキルをもったビジネス・モデルを構築していくという「選択と集中」が求められよう。

6――地域金融機関のビジネス・モデル

地域金融機関のビジネス・モデルは二〇〇三年三月の「リレーションシップバンキングの機能強化に関するアクションプログラム」に基づいて示されており、金融機関と取引先企業の長期にわたる取引関係を重視した、地域密着型金融の機能強化が謳われた。その後、この実績等の評価を踏まえ、二〇〇五年三月に、二〇〇五年度および二〇〇六年度の二年間の「重点強化期間」を対象とする、中小・地域金融機関についての「地域密着型金融の機能強化の推進に関するアクションプログラム」が金融庁によりとりまとめられ、地域密着型金融の一層の推進を図ることが打ち出された[10]。

それは金融機関が長期的な取引関係によって得られた情報を基に、質の高いコミュニケーションを通じて、融資企業の経営状況を的確に把握し、経営改善に取り組むとともに、金融機関自身の収益向上を図ることである。そのためには、金融機関は担保主義から脱却し、事業からのキャッシュ・フローを重視し、企業の将来性や技術力を的確に評価する「目利き」能力の発揮が求められるうえ、地域の特性や利用者ニーズ等を踏まえ「選択と集中」によりビジネス・モデルを鮮明にし、取引の一段の深耕、見直しを図り、収益力の向上を実現する。そして金融機関は関連した情報を積極的に開示し、それを通じて経営判断の自主性を確保しつつ、規律付けをうけることとの重要性を認識する必要がある。

この間、主要行に対し、不良債権比率の半減目標を課したことが、不良債権処理促進の大きな推進力となったことから、地域金融機関に対しても数値目標を設定するかどうかが注目されてきた[11]。これについては、二〇〇五年三月二八日に発表された（金融審議会金融分科会第二部会「リレーションシップバンキングのあり方に関するワーキンググループ」の）「座長メモ」で、「当局が不良債権比率の縮減など財務に関する一律の数値目標を設定することは適当でない」とされ、結局各金融機関は「自らの経営判断の下で、可能な限り、数値目標を含む、具体的かつ分かりやすい目標を盛り込むよう努めることとする」と自主目標の設定と、その公表にとどまった[12]（金融機関は計画を策定し、当局に報告し、その後半期ごとに進捗状況を報告し、当局はそのフォロー・アップを行なう）。

二〇〇三年三月のアクション・プログラムに基づき、金融機関は、観光、医療、農業等の社会的ニーズの高い分野を戦略的業種と位置付け、専門の担当者を配置し、また事業会社に担当者を派遣するなどしているほか、無担保、無保証の融資商品を開発するとか、担当者の目利き能力向上のための研修等による人材育成に取り組んできている。都市圏の地域銀行中心に住宅ローンに注力するとか、地場の有望産業や中小企業向け貸出のウエイトを高める努力等をしている先がみられるほか、ファンドの組成やファイナンスについては、すでに図表5-6で示したとおりである。

金融庁によると、こうした取り組みは着実に進捗しており、一定の評価はできるとしながらも、目利き能力の向上やノウハウの蓄積等を通じた創業・新事業支援体制等の強化や、企業ニーズの的確な把握およびこれに対応したコンサルティング機能や情報提供機能の一層の強化、さらには外部機関との連携、再生ノウハウの共有化等を通じた実効性のある取り組み等により、地域密着型金融の一層の推進を図る必要があるとしている。また、適切な自己査定および償却の実施と、引当の確保が求められるほか、日本銀行の考査実施報告（二〇〇四年度）では、地域金融機関は収益面の要請から、有価証券運用への依存度を高めており、市場リスク管理の重要性が増しているが、管理体制の整備が十分でない事例がみられていると指摘している。

7——統合的なリスク管理の必要性

バブル経済の発生、および崩壊後の銀行経営の最大の課題であった信用リスクについては、債権流動化による資産のオフ・バランス化に伴い、軽減、分散を図っていくことができる。この間、内外のファンドの乱立で、とりわけ不動産投資ファンドの不動産購入意欲の高まりが、最近の不動産取引の一部過熱現象の牽引力となっていると言われる状況下（例えば二〇〇五年三月二四日「朝日新聞」報道等）、こうしたファンドへ出資・融資する銀行の信用リスクを懸念する向きがみられはじめている。[13]

確かにバブル時の融資形態とは異なり、①コーポレート・ファイナンスではなく、プロジェクト融資であるノンリコース・ローンであるため、対象と範囲が限定されていること、②不動産評価は資産価値ではなく、利用価値に着目したDCF法で行なわれていること、③資金が集中しないよう、資金供給額を分散したシンジケート・ローン形式で行なわれていることといった点はあるが、最終的には物件の価格変動リスクを被るおそれはあり、十分な評価・審査が必要となる。[14]

ノンリコース・ローンでは借り手は担保以外の一切の債務から免責される。したがって不動産ファンド等への融資の場合、不動産価格の下落リスクは銀行が負うことになる（その分、金利は通常よりかなり高目に設定され、銀行にとって収益性は高い）。この点、シンジケート・ローンについても、一九八〇年代の新興国向け融資の集中等が、その後の市場での価格の低下をもたらしたように、集中を避けるとか、今後低格付先や非公開企業等へ対象先が拡大するとみられるなか、参加行がエージェント行に任せ放しにするのではなく、コベナンツをチェックするなど、リスク管理対応が重要となってこよう。また、資産流動化に際しては、資金の回転速度を高めることによって収益機会を拡大することが可能であるが、効率的な運用機会が乏しいなか、単に流動化するだけでは、次のより収益性の高い運用機会が得られるとは限らず、ポートフォリオ全体の管理、ＡＬＭ体制の確立が求められる。

さらに、金融コングロマリット化に関しては、さまざまな業務のリスクが複雑に絡んでくるだけに、相当高度なリスク管理態勢が要求されることになる。金融庁のコングロマリット監督指針によると、金融コングロマリットのリスクとして、組織の複雑化に伴う経営の非効率化、利益相反行為の発生、抱き合わせ販売行為の誘因の拡大、グループ内のリスクの伝播、リスクの集中等が指摘されており、グループ全体としてのリスク管理の重要性が述べられている。また、日本銀行レポート[15]では、銀行が単独で活動している場合と、金融コングロマリットのなかに組み込まれている場合とでは、リスクの所在や態様が異なるが、とりわけシステミック・リスクの顕現化を未然に回避する観点からの見方が重要であると述べている。

こうした点からすると、リスク管理については、例えば信用リスクの管理といったひとつのリスク管理にとどまらず、信用リスク、市場リスク、オペレーショナル・リスク等さまざまなリスクを包括的に捉え、統合的に管理するリスク管理態勢の確立が求められる。これは日本銀行の考査方針で統合リスク管理の強化として述べられており(日本銀行「平成一七年度の考査の実施方針等について」〈二〇〇五年四月四日〉)、そこではこのところ拡大をみているシンジケート・ローン、スコアリング・モデルを活用した中小企業向け無担保ローン、不動産ノンリコース・ローンといった新たな与信や、住宅ローン債権流動化等への取り組みと、そのリスク管理状況の把握が謳われている。また貸出以外の資産についても、上場有価証券など市場価格の存在するものについては、これまでも時価評価で把握してきたが、近年運用が増加している私募不動産投信、非上場株式など市場価格が存在しない資産の評価モデルの確立と、経済価値の把握が求められている。

データ整備を行ない、リスク管理態勢の高度化を図ることにより、リスク・エクスポージャー(リスク量)や、各リスク間の相関関係等を把握することができ、リスクの範囲の適切性を確保し、かつVAR(Value at Risk)と呼ばれる手法で異なるリスクを対象にした最大損失額を統計的に算出するなど、計量手法を活用することで、リスク量の一元的な管理が可能となる。こうした統合的なリスク管理により、健全性の確保が図られれば、二〇〇六年度末から適用されることになっている、新しい自己資本比率規制(バーゼルII)への対応も可能となってくる。

さらに日本銀行の考査方針で強調されているのは、統合リスク管理の考え方を経営に積極的に活用し、経営の収益性、効率性の向上を図ることである。すなわち、銀行は統合リスク管理の枠組みのなかで、保有資産の経済価値やリスクを適切に把握し、リスク・リターンについてより客観的に判断のうえ、経営体力と関連付けたかたちで、限られた資金と人材をより適切に配分するよう投資量、リスク量の限度額を設定する。その結果、銀行は適切なポートフォリオの形成に向け、能動的に資産の入れ替えを行なうことができ、さらに債権流動化、証券化などクレジット関連市場の取引が拡大し、信用供与手段の多様化が進めば、金融システム全体として機能が向上していくことが期待されていると述べられている。また、金融庁の金融検査の基本的な考え方を検討した「評定制度研究会報告書」(二〇〇五年五月二五日)は、金融機関経営とリスク管理のあり方についてとりまとめているが、そこではリスク管理とは、活きた経済や市場の中で銀行が自らのビジネス・モデルを見出していく過程であるとして、守りのリスク管理から攻めのリスク管理への転換が強調されている。

8——自由化時代への対応としてのリスク管理の重要性

リスク管理態勢の確立と収益力の向上なしでは、銀行経営を維持していくことはできない。銀行は収益力の改善のために、まず業務のスリム化やコスト削減を図る必要がある。また貸出先の信用リスクを反映した貸出金利の設定や、企業再生などの新たな収益力向上のためのビジネス・モデルの確立が求められる。日本の金融取引は日本版ビッグ・バン構想の推進もあり、今や制度的にはほぼ完全に自由化された状況になってきていると言える。したがって、銀行の経営努力によっては、いかなるビジネス・チャンスも得ることができる。この点、戦後金融とともに国民生活の根源的な部分にかかわるとして保護されてきた農業の対応が参考になる。米の輸入自由化に直面した際、日本の農業は壊滅するのではないかとの危機感が漂ったが、その後の農業は、規模の拡大、バイオ技術の促進、おいしい米作りと創意工夫に満ちた取り組みを活発化し、二一世紀型の先端産業としての道を歩んできている[16]。

銀行業も全く同様である。銀行業はＩＴ化等による技術革新と、創意工夫により高付加価値化を図っていくことによって、生き延びていくことができようかと思う。銀行業も保護の対象から脱却し、産業として自立するという当たり前の状況になってきた。自由化の時代は銀行業にとってビジネス・チャンスに満ちた極めて魅力的な時代であり、あらゆる可能性が秘められていると言えよう。銀行業も情報技術の長足の進歩を背景に、金融サービスの高度化を図り、ハイテク産業として確固たる地位を築いていくことが求められる。

しかしながら、こうした高度技術化は、常にリスクを随伴することになる点を銘記しておく必要がある。金融が業として成り立っていくためにはリスクをゼロとすることはできず、リスクをとっていかなければならない。ただ、その際どこまでリスクをとれるのかの許容範囲を定めておくことが大事で、これがリスク管理上最も重要な要件である。リスク管理態勢を整備するとともに、リスクの許容量を定めて、自行の体力に見あったリスク・テイクを行なうことが自由化時代に生き残れる道である。そして何かあった場合に、最後のより所となるのが自己資本である。金融システムの安定性を確保するためのセーフティ・ネットとして、預金保険制度や公的資金注入制度等があるが、こうした制度もカバーできる範囲は限られており、最も重要なことは個々の銀行が自己の責任において健全性を維持していくことに尽きよう(17)。

いずれにしても銀行業の将来は悲観するものではなく、ビジネス・チャンスは限りなく広がっていくものと思われる。そこでリスクをとりながら、それをコントロールしていかに収益をあげていけるかどうかということにかかっており、大いに工夫の余地があり、興味深い業務分野だと言えるのではないだろうか。

（1）メイン・バンク・システムに代わる新たなコーポレート・ガバナンスのあり方の構築については、福井俊彦日本銀行総裁講演記録「わが国の企業金融の改革に向けて」（二〇〇三年一一月一七日）の中に凝縮されており、本テーマに関する基本的な考え方を示している。

（2）高田創・柴崎健の両氏は、米国の市場型間接金融（家計を中心とした資金が銀行から年金・投信等の市場型間接金融機関へシフト、銀行機能の低下）とは異なる、銀行がもつ機能を生かした「日本版市場型間接金融」を模索する必要があると述べている（『銀行の戦略転換』東洋経済新報社、二〇〇四年、三〇〜三三頁）。

（3）高橋正彦氏によると、「証券化」と「流動化」は一般的には同義語として用いられることが多いが、厳密には「証券化」は「流動化」（流動性に乏しい資産を相対的に流動性の高い金融商品に転換すること）の一手法であり、さらに「証券化」は広義の意味では企業の資金調達手段が、銀行借入を中心とする間接調達から、株式、社債等の証券発行による資本（証券）市場調達に比重を移していく現象を言い、狭義には資産の証券化を指すと説明している（『証券化の法と経済学』ＮＴＴ出版、二〇〇四年、五〜七頁）。

（4）日本銀行の「証券化市場の動向調査」の調査要領では、証券発行の裏付資産として、リース料債権、オートローン債権、クレジット債権、カードローン債権（キャッシングを含む）、消費者ローン債権、企業向け貸付債権、社債、証券化商品、住宅ローン債権、アパートローン債権、商業用不動産（不動産から発生するキャッシュ・フローを含む）、商業用不動産担保ローン債権、信託受益権等を明記している。

（5）木下正俊『私の「資産流動化」教室』西田書店、二〇〇四年、六三〜七〇頁。

（6）「日本経済新聞（夕刊）」（二〇〇五年四月八日）によると、二〇〇四年度の証券化商品の発行額は、前年度比四二％増の五兆七〇〇〇億円と過去最高になり、企業の発行する普通社債（二〇〇三年度で五兆九〇〇〇億円）に匹敵する規模に達したとのことである。内訳は住宅ローン担保証券が前年度比八三％増の二兆五〇〇〇億円と全体の四割強を占め、貸出債権を証券化する債務担保証券が同四三％増の六三〇〇億円と、全体を押し上げたと説明している。

（7）渋谷愛郎「企業再生型取引の増加で再拡大する不良債権売買市場」『金融財政事情』二〇〇五年五月三〇日号

（8）金澤光俊氏は、企業金融が、①コミットメント・ラインの設定と、②資産流動化により構造変化が進展しており、それが銀行貸出に与える影響を分析している（「企業金融の構造変化の進展」『ESP』二〇〇四年三月号）。

（9）日本銀行「米国におけるローン債権市場の発展とわが国へのインプリケーション」『マーケット・レビュー』（二〇〇一年三月）。

（10）金融庁ホームページ、「リレーションシップバンキングの機能強化に関するアクションプログラム」（二〇〇三年三月二八日）、「『リレーションシップバンキングの機能強化に関するアクションプログラム』の実績等の評価等に関する議論の整理（座長メモ）」（二〇〇五年三月二八日）、「地域密着型金融の機能強化の推進に関するアクションプログラム（平成一七〜一八年度）」（二〇〇五年三月二九日）参照。

（11）数値目標を設定すべきとの意見は、渡辺孝「金融再生プログラムは途半ば」『エコノミスト』二〇〇五年三月八日号や川本裕子「ペイオフ解禁後の地銀に求められる経営革新」『エコノミスト』二〇〇五年四月一二日号等。

（12）もっともペイオフ解禁後、預金者が銀行の健全性を評価する場合、預金量の増減状況、不良債権比率、自己資本比率および格付といった具体的な公表数値が判断材料となることは予想される。

（13）国内銀行の不動産向け貸出残高は年末ベースで一九九八年以降前年比マイナスを続けてきたが、二〇〇四年末は七年振りにプラスに転じている。

(14) 三國仁司「バブル崩壊の教訓が生かされない不動産ファンドへの資金提供」『金融財政事情』二〇〇五年二月二一日号。

(15) 日本銀行信用機構局「金融サービス業のグループ化」『日本銀行調査季報』(二〇〇五年春〈四月〉号)。

(16) 叶芳和『農業ルネッサンス』講談社、一九九〇年等参照。

(17) 自己資本重視の経営は、銀行の経営戦略からみると、そのまま量から質(収益)重視への転換となる。この点について、横山昭雄氏は、やや古い資料ながら都市銀行における自己資本比率と当期利益率の間に、明確な正の相関が認められる旨述べており、収益重視の経営が自己資本充実の観点から不可欠であることを強調している(『金融機関のリスク管理と自己資本』有斐閣、一九八九年、一〇八〜一一〇頁)。

参考文献

池尾和人「日本の金融制度」『経済研究』五二巻四号、二〇〇一年一〇月
井上明義『土地の値段はこう決まる』朝日新聞社、二〇〇五年
岡正生『金融グローバル化と銀行経営』東洋経済新報社、一九八九年
岡内幸策『不動産流動化入門〈改訂版〉』東洋経済新報社、二〇〇一年
岡田章・神谷和也・黒田昌裕・伴金美編『現代経済学の潮流二〇〇〇』東洋経済新報社、二〇〇〇年
鴛海健起・柳宏樹「新たな発展段階を迎えたわが国のシンジケートローン」『金融ジャーナル』二〇〇五年三月号
小原由紀子『銀行革命・勝ち残るのは誰か』講談社、二〇〇〇年
片山さつき『SPC法とは何か』日経BP社、一九九八年
金澤光俊「企業金融の構造変化の進展」『ESP』二〇〇四年三月号
叶芳和『農業ルネッサンス』講談社、一九九〇年
上林敬宗『金融システムの構造変化と銀行経営』東洋経済新報社、一九九八年
川本裕子「ペイオフ解禁後の地銀に求められる経営革新」『エコノミスト』二〇〇五年四月一二日号

北見良嗣・坂田吉郎『サービサー法の解説』金融財政事情研究会、一九九九年
木下正俊『私の「資産流動化」教室』西田書店、二〇〇四年
呉文二『金融政策』東洋経済新報社、一九七三年
香西泰・白川芳明・翁邦雄編『バブルと金融政策』日本経済新聞社、二〇〇一年
神津多可思「統合リスク管理の基本的な考え方と体制整備の現状」『金融財政事情』二〇〇五年一月三日・一〇日号
斎藤精一郎『新版ゼミナール現代金融入門』日本経済新聞社、一九九〇年
斎藤精一郎『ゼミナール現代金融入門〈三版〉』日本経済新聞社、一九九五年
佐々木宗啓編著・預金保険法研究会著『逐条解説 預金保険法の運用』金融財政事情研究会、二〇〇三年
鹿野嘉昭『日本の金融制度』東洋経済新報社、二〇〇一年
渋谷愛郎「企業再生型取引の増加で再拡大する不良債権売買市場」『金融財政事情』二〇〇五年五月三〇日号
島村高嘉『わが国の金融体制』東洋経済新報社、一九八七年
新保芳栄「先物会計処理の実情と日米比較」『金融財政事情』一九八九年二月一三日号
新保芳栄「リスク管理に十分留意した当貸しへの対応を」『金融財政事情』一九九〇年一月二二日号
ジリアン・テット『セイビング・ザ・サン』武井楊一訳、日本経済新聞社、二〇〇四年（*Saving the*

Sun, Harper Collins Publisher, Inc. 2003)
鈴木金三『銀行行動の理論』東洋経済新報社、一九六八年
鈴木淑夫『現代日本金融論』東洋経済新報社、一九七四年
鈴木淑夫『ビッグバンのジレンマ』東洋経済新報社、一九九七年
整理回収機構編『RCCにおける企業再生』金融財政事情研究会、二〇〇三年
高尾義彦『中坊公平の修羅に入る』毎日新聞社、一九九九年
高木新二郎「早期事業再生の現在と近未来」『事業再生と債権管理』第一九巻一号、二〇〇五年四月五日号
高田創・柴崎健『銀行の戦略転換』東洋経済新報社、二〇〇四年
高橋正彦『証券化の法と経済学』NTT出版、二〇〇四年
田作朋雄・岡内幸策『不良債権処理ビジネス』東洋経済新報社、一九九八年
田作朋雄「金融再生と産業再生に向けた直接償却手段とは何か」『金融財政事情』二〇〇一年四月三〇日号
玉井豊文「中小企業再生が進まないもうひとつの理由」『事業再生と債権管理』第一九巻一号、二〇〇五年四月五日号
玉置直司『韓国はなぜ改革できたのか』日本経済新聞社、二〇〇三年
玉置紀夫『日本金融史』有斐閣、一九九四年

筒井義郎『金融』東洋経済新報社、二〇〇一年
DCF研究会編『DCF入門』金融財政事情研究会、二〇〇三年
中村一夫『銀行破たん』考古堂書店、二〇〇一年
永田俊一「永田俊一預金保険機構理事長に聞く　ペイオフ解禁拡大で預金保険制度も平時モードに」
『金融財政事情』二〇〇五年一月一七日号
西野智彦『検証　経済迷走』岩波書店、二〇〇一年
西野智彦『検証　経済暗雲』岩波書店、二〇〇三年
西村吉正『金融行政の敗因』文藝春秋、一九九九年
西村吉正『日本の金融制度改革』東洋経済新報社、二〇〇三年
日本経済新聞社編『検証バブル　犯意なき過ち』日本経済新聞社、二〇〇〇年
ネド・アイヒラー『アメリカの貯蓄貸付組合（S&L）——その発展と崩壊』柿崎映次・呉天降訳、
御茶の水書房、一九九四年（*The thrift debacle*, The University of California Press, 1989）
久恒新『こうすれば土地は動く』日本経済新聞社、一九九九年
久恒新『DCF法による不動産鑑定評価の考え方と実践』日本経済新聞社、二〇〇三年
氷見野良三『〈検証〉BIS規制と日本〔第二版〕』金融財政事情研究会、二〇〇五年
不動産鑑定士評価システム協同組合『不良債権処理のためのデューディリジェンス』清文社、一九九
八年

舟山正克「株と土地に依存した経営のリスク自覚が求められる」『金融財政事情』一九九〇年四月三〇日号
フランク・パッカー「日本における不良債権処理：共同債権買取機構のケース」星岳雄・ヒュー・パトリック編、筒井義郎監訳『日本金融システムの危機と変貌』日本経済新聞社、二〇〇一年（*Crisis and Change in the Japanese Financial System*, Kluwer Academic Publishers, 2000）
北海道新聞社編『拓銀はなぜ消滅したか』北海道新聞社、一九九九年
堀内昭義『金融システムの未来』岩波書店、一九九八年
堀内昭義『日本経済と金融危機』岩波書店、一九九九年
三國仁司「バブル崩壊の教訓が生かされない不動産ファンドへの資金提供」『金融財政事情』二〇〇五年二月二一日号
宮崎義一『戦後日本の経済機構』新評論、一九六六年
柳川範之＋柳川研究室編著『不良債権って何だろう？』東洋経済新報社、二〇〇二年
柳川範之＋柳川研究室編著『事業再生って何だろう？』東洋経済新報社、二〇〇五年
預金保険機構『預金保険機構一〇年史』一九八二年
横山昭雄監修『金融機関のリスク管理と自己資本』有斐閣、一九八九年
読売新聞金沢支局石川銀行問題取材班『石川銀行　破綻の航跡』能登印刷出版部、二〇〇三年
蠟山昌一『日本の金融システム』東洋経済新報社、一九八二年

渡辺孝『不良債権はなぜ消えない』日経BP社、二〇〇一年
渡辺孝「金融再生プログラムは途半ば」『エコノミスト』二〇〇五年三月八日号
和田勉『買収ファンド』光文社、二〇〇二年
和田勉『企業再生ファンド』光文社、二〇〇三年
和田勉『事業再生ファンド』ダイヤモンド社、二〇〇四年

金融庁ホームページ（「不良債権の状況等について」等）
日本銀行ホームページ（『日本銀行調査月報』、『日本銀行調査季報』等）
預金保険機構年報
各種雑誌、新聞記事等

索　引

サ　行

タ　行

ナ　行

ハ　行

マ　行

ヤ　行

ラ　行

ワ　行

［著者略歴］

新保　芳栄（しんぽ・よしえい）

1948年　新潟県生まれ
1971年　福島大学経済学部卒業
1971年　日本銀行入行
考査局調査役，仙台支店次長，預金保険機構（出向），
考査役等を経て
現　在　株式会社整理回収機構　執行役員
著　書　『海外経済指標の読み方』（分担執筆，東洋経済新報社）
『金融機関のリスク管理と自己資本』（同，有斐閣）

実務者からみた
金融機関行動と不良債権問題

2006年2月25日　第1刷発行

著　者　　新　保　芳　栄
発行者　　片　倉　和　夫

発行所　株式会社　八《はっ》　朔《さく》　社《しゃ》

東京都新宿区神楽坂2-19　銀鈴会館内
〒162-0825　振替口座00120-0-111135番
Tel.03(3235)1553　Fax.03(3235)5910

©新保芳栄，2006
印刷・製本　藤原印刷

ISBN4-86014-029-X

八朔社

黒田　四郎著
東北見聞録（1〜3）
各一五〇〇円

山川充夫著
大型店立地と商店街再構築
地方都市中心市街地の再生に向けて
四二〇〇円

下平尾　勲編著
共生と連携の地域創造
三三九八円

東北産業活性化センター編
アウトソーシング時代の
ネットワーク型産業集積
二〇〇〇円

清成忠男監修　東北産業活性化センター編
シリコンバレーで成功する秘訣
二〇〇〇円

東北産業活性化センター編
ローカル・イニシアティブ
地方が自立するための発想の転換
二八〇〇円

定価は消費税を含みません